Wie findet Freiraum Stadt?

BERICHT_DER_BAUKULTUR_2010_____Band 2

Michael Braum, Thies Schröder (Hg.)

Wie findet Freiraum Stadt?
Fakten, Positionen, Beispiele

Birkhäuser
Basel

Layout, Satz: forst für Gestaltung_Hamburg_Berlin
Coverillustration: Panatom_Berlin
Umschlaggestaltung: Bundesstiftung Baukultur_Potsdam
Lithographie: Einsatz Creative Production_Hamburg
Druck: fgb.freiburger grafische betriebe_Freiburg

Konzeption und Redaktion: Thies Schröder, Christoph Rosenkranz
ts|pk thies schröder planungskommunikation_Berlin

Bibliografische Information der Deutschen Bibliothek
Die Deutsche Bibliothek verzeichnet diese Publikation in der Deutschen Nationalbibliografie; detaillierte bibliografische Daten sind im Internet über http://dnb.ddb.de abrufbar.

© 2010 Birkhäuser GmbH
Basel
Postfach 133, CH-4010 Basel, Schweiz

Gedruckt auf säurefreiem Papier, hergestellt aus chlorfrei gebleichtem Zellstoff. TCF ∞

Printed in Germany
ISBN 978-3-0346-0363-8

9 8 7 6 5 4 3 2 1   www.birkhauser-architecture.com

Inhalt

Michael Braum

Editorial

Im städtisch geprägten Freiraum definieren sich die Regeln des öffentlich gelebten Miteinanders. Gerade vor dem Hintergrund kontinuierlicher Veränderungen des Kommunikations-, des Konsum-, des Mobilitäts- und des Freizeitverhaltens gebührt ihm eine besondere Wertschätzung, steht er doch unverändert für die Qualitäten der europäischen Stadt. Abseits der prominenten Parkanlagen und der repräsentativen Stadt- und Marktplätze gibt er sich allzu oft verwahrlost. Wege, Straßen, Plätze sowie Grünräume unterschiedlichen Typs fristen ein tristes Dasein. Die Gründe dafür liegen nicht nur in der mangelnden Pflege, sondern auch in einer häufig wenig ausgeprägten Wertschätzung dieser Räume.

Um das zu verändern und sich dabei über die baukulturelle Verantwortung dem Raum gegenüber klar zu werden, setzt die Bundesstiftung Baukultur die Auseinandersetzung mit den urban geprägten Freiräumen auf die Agenda des *Konvents 2010*, der sich der „Baukultur des Öffentlichen" widmet.

Im Zusammenspiel der thematischen Schwerpunkte *Bildung, Freiraum* und *Verkehr* wird der *öffentliche Raum* in einem ganzheitlichen Sinn betrachtet. Im Zusammenwirken des Gebauten, das täglich von der Bevölkerung genutzt wird, lässt sich Baukultur, über eine allgemeine Geschmacksdiskussion hinaus, mit dem Alltag der Bevölkerung in Beziehung setzen. So wird Baukultur als gestalterische Aufgabe wie gesellschaftliche Herausforderung in den Fokus der Betrachtung gerückt.

Bildungseinrichtungen, die zentralen Orte für die Zukunft unseres Gemeinwesens, sind in diesem Kontext die öffentlichen *Räume der Integration unterschiedlicher Lebenswelten*. Exemplarisch auszuloten, wie sie eine ihrem gesellschaftlichen Stellenwert angemessene Gestaltung erfahren können, ist der Schwerpunkt des Bandes 1 des Berichts der Baukultur „Worauf baut die Bildung?".

Die verkehrstechnische Infrastruktur, welche die Wahrnehmung des öffentlichen Raums maßgeblich bestimmt, ist Voraussetzung unseres Mobilitätsanspruchs. In der Regel steht hier der Nutz- über dem Gestaltwert. Am Beispiel ausgewählter Referenzfelder werden im Band 3 des Berichts der Baukultur „Wo verkehrt die Baukultur?" Wege für ein austariertes Zusammenspiel von Gestaltanforderungen, Funktionstauglichkeit, Nutzerakzeptanz und Nachhaltigkeit aufgezeigt, die gute Baukultur ausmachen.

Die Freiräume, deren baukulturelle Bedeutung im vorliegenden Band 2 des Berichts der Baukultur „Wie findet Freiraum Stadt?" thematisiert wird, sind die öffentlichen *Räume des Zusammentreffens unterschiedlicher Lebenswelten*. Sie sind die Orte der Begegnung, der Kommunikation und der Repräsentation. Sie sind die Orte der bewussten wie unbewussten Wahrnehmung unserer Städte.

Der öffentliche Raum nimmt immer mehr eine Schlüsselrolle in der Stadtentwicklung ein, ob als Raum sozialer Aneignung und interkultureller Begegnungen, als repräsentativer Aufenthaltsort, als Caféhaus-Angebot auf dem Trottoir oder als die Städte gliedernde Abfolge aus Straßen, Gassen und Plätzen, die Orientierung und Verhältnismäßigkeit versprechen. Ob als gute Adresse am Park oder als Naherholungsangebot, als Ort der Umweltbildung und Naturvermittlung oder als landschaftskünstlerischer Ausdruck einer Kultur des Öffentlichen. Der urban geprägte Freiraum ist Handlungsraum, gerade wenn in virtuellen Kommunikations- und Informationsnetzen Akteursräume neu entstehen.

In der gebauten Realität bestimmen Partikularinteressen, Achtlosigkeit und Resignation die Gestalt alltäglicher Freiräume, deren gestalterisches Repertoire sich allzu oft auf funktionale, sicherheitstechnische und ökonomische Aspekte reduzieren lässt. Inwieweit Baukultur gelingt, wird hier unmittelbar erfahrbar, denn der *öffentliche Raum* wird als grundlegend für die Struktur der Stadt und ihrer Bevölkerung wahrgenommen.

Am Beispiel alltäglich genutzter öffentlicher Orte werden in dieser Publikation *baukulturelle Standards* in Empfehlungen überführt, deren Berücksichtigung den Gestaltqualitäten unserer Freiräume nachhaltig nutzen würden. Dabei werden nicht nur Projekte vorgestellt, die die öffentliche Hand in eigener Regie realisiert, sondern auch solche, die sie gemeinsam mit privaten Akteuren umsetzt. Die unterschiedlichsten Verfahrens-, Beteiligungs- und Finanzierungsmodelle werden in die Debatte einbezogen.

Ausgehend von dem Beitrag von Bernhard Heitele und Carl Zillich „Wie findet Freiraum Stadt? – Baukulturelle Ansprüche an öffentliche Räume" sucht der Bericht der Baukultur die komplexen Aufgaben und Anforderungen an den Freiraum durch Nutzer, Praktiker und Wissenschaftler zu beleuchten. Aktuelle Fragestellungen wie Kommunikation im Raum und mittels Raum, Partizipation, Aneignung und Zwischennutzung werden in den Beiträgen von Jens S. Dangschat sowie Klaus Selle und Ulrich Berding thematisiert. Anpassungs- und Vermeidungsstrategien im Klimawandel untersuchen Stephanie Drlik, Lilli Licka. Die Chancen der Übernahme von Verantwortung für den urbanen Freiraum hinterfragt Christoph Rosenkranz im Gespräch mit Klaus Elliger und Martin zur Nedden. In den Beiträgen geht es um die gegenwärtigen und zukünftigen Bedeutungen der urban geprägten Freiräume als grundlegende Verpflichtung, um der baukulturellen Dimension unserer Städte gerecht zu werden. Der Blick auf unsere europäischen Nachbarn von Lisa Diedrich weitet diesen Horizont. Die von der Bundesstiftung Baukultur verfassten Empfehlungen zu erforderlichen Maßnahmen und Strategien für eine Baukultur des Freiraums schließen den Bericht ab.

Mein besonderer Dank gilt den von uns zur Vorbereitung des Konvents der Baukultur eingeladenen Expertinnen und Experten, die im Rahmen unserer Veranstaltung BAUKULTUR_VOR_ORT und dem ergänzenden WERKSTATTGESPRÄCH_ BAUKULTUR zum Thema „Freiraum" wesentliche Grundlagen für die Erarbeitung dieses Berichts geliefert haben. Sie sind im Anschluss an die Empfehlungen namentlich aufgeführt.

Mein Dank gilt daneben allen am Bericht direkt beteiligten Autoren, insbesondere Thies Schröder, dem Mitherausgeber dieser Publikation und seinem Büro ts|pk, Erik-Jan Ouwerkerk, der die von uns ausgewählten Projekte fotografierte, Andreas Müller und Sabine Bennecke vom Birkhäuser Verlag sowie Ricardo Cortez, der für die Grafik des Buches verantwortlich war.

Mein ganz besonderes Dank gilt dem Team der Bundesstiftung Baukultur: Bernhard Heitele und Carl Zillich, die nicht nur den Bericht mit konzipiert haben, sondern darüber hinaus maßgeblich an der inhaltlichen Erstellung des Buches beteiligt waren, sowie Wiebke Dürholt, die für den organisatorischen Teil des Projektes verantwortlich zeichnete, Anneke Holz, der die Öffentlichkeitsarbeit für den Konvent obliegt, Bärbel Bornholdt und Anja Zweiger, die zur Organisation beigetragen haben, unseren freien wissenschaftlichen Mitarbeiterinnen Dagmar Hoetzel und Sanna Richter sowie den studentischen Hilfskräften Katinka Hartmann, Sophia Hörmannsdorfer und Katharina Rathenberg, die uns bei der Projektauswahl unterstützten. Ausgangspunkt für die Recherchen war eine Beispielsammlung der Mitglieder des Arbeitskreises „Baukultur am Beispiel" des Fördervereins der Bundesstiftung, der von Julian Wékel geleitet wird. Den Mitgliedern des Arbeitskreises sowie allen Landesministerien, Kommunen und Büros, die unsere Recherchen zu dieser Publikation unterstützt haben, gilt mein abschließender Dank.

Potsdam, im März 2010

Jürgen Hohmuth

Räume und Regeln
Ein Fotoessay

01__Netzwerk.

02__Sozialraumanalyse.

03 __ Normative Erwartung.   05 __ Segmentierter Raum.
04 __ Mensch und Grenzen.

06 __ Segregation und Konzentration.

07 __ Identitätsorte.

08 __ Zeichen setzen.

Bernhard Heitele, Carl Zillich

Wie findet Freiraum Stadt?

Baukulturelle Ansprüche an öffentliche Räume

01__Freiraum als Treffpunkt und Ausdruck des sozialen Miteinanders. Lesezeichen, Magdeburg, Karo Architekten, Architektur+Netzwerk.

Baukultur wird nirgendwo so unmittelbar erfahrbar wie in alltäglichen städtischen Freiräumen. Angemessen gestaltete Orte spielen eine entscheidende Rolle für die Lebensqualität in unseren Städten. Auf Straßen, Plätzen und in Parks begegnen sich tagtäglich die Stadtbewohner. Öffentliche Räume bieten Vernetzung und Orientierung, als Treffpunkt und Marktplatz regen sie zu Kommunikation und Geschäften an, als Grün- und Spielraum laden sie zum Verweilen oder zur Bewegung ein. Freiräume prägen das soziale Miteinander und fördern die Integration unterschiedlicher Lebenswelten. Sie sind vielschichtige und wichtige Orte der Identifikation und des Selbstverständnisses unserer Städte.

Wie eine Stadt ihre Freiräume gestaltet und wie die Gemeinschaft diese nutzt, ist Ausdruck des Zustands der Gesellschaft. Konkurrierende Ansprüche geben dabei Anlass zu öffentlichen Debatten; eine Kultur des Dialogs zu pflegen ist elementarer Bestandteil von Baukultur. Gemeinsam müssen sich politische und gestaltende Akteure der Herausforderung stellen, tragfähige Konzepte für angemessene und zukunftsfähige öffentliche Räume zu entwickeln und zu realisieren. Baukulturelle Qualitäten erreichen diese Räume nur, wenn in der Gestaltung soziale, kulturelle, ökologische und ökonomische Ziele ihren Ausdruck finden.

02__Unverwechselbares Image öffentlicher Räume. Marienplatz, Görlitz, Rehwaldt Landschaftsarchitektur.

Identität zwischen Stadtbild und Nutzungsoffenheit

Der öffentliche Raum gehört allen. Als Visitenkarte unserer Städte ist er Teil ihres Charakters. Gestaltung und Nutzbarkeit öffentlicher Räume sind entscheidend für Image und Aufenthaltsqualität. Im gebauten Raum sucht jede Stadt, die ihr eigene Atmosphäre zu verdichten und ein Bild ihrer selbst zu erzeugen. Die Behandlung des öffentlichen Raums schwankt dabei im Konkurrenzkampf der Städte zwischen Authentizität und Austauschbarkeit.

Mit Hilfe historischer Anleihen oder Rekonstruktionen wird bei der Gestaltung von Freiräumen komplexen Zusammenhängen oft ausgewichen, womit die Chance auf Innovation ungenutzt bleibt. Dem Potenzial des öffentlichen Raums als Ort andauernder Verhandlung zwischen Vergangenheit und Zukunft, zwischen Bildvorstellungen und Nutzungsmöglichkeiten wird selten angemessen Rechnung getragen.

Obwohl es naheliegt, einen Freiraum unterschiedlich zu nutzen, sind öffentliche Räume häufig von monofunktionalen Nutzungsansprüchen geprägt, die bestimmte Abläufe optimieren, dabei aber die gesellschaftliche Vielfalt vernachlässigen. Eigentlich ergibt sich jedoch erst aus den vielen Möglichkeiten, ihn zu nutzen, die Qualität eines Freiraums. Denn Freiraum ist nicht allein durch seine gebaute Form geprägt, sondern definiert sich als Aktionsraum. Dieser handlungsorientierte Ansatz spiegelt sich in temporär genutzten Freiräumen wie Stadtstränden oder Nachbarschaftsgärten und weiteren Bühnen der Stadtgesellschaften wider, zu denen vergessene Orte in den letzten Jahren entwickelt wurden.

Besonders wichtig ist es, den öffentlichen Raum in seiner Gesamtheit dauerhaft vor übermäßiger Inanspruchnahme durch Einzelinteressen zu bewahren. Der Anspruch an die planende Profession besteht darin, Nutzerinteressen und Nutzungsoffenheit so zu verbinden, dass die Entwicklung unverwechselbarer, prägnanter und Identität stiftender Freiräume befördert wird.

Welchen Planungsstrategien und Gestaltungskonzepten gelingt es, bei der Entwicklung städtischer Freiräume die Eigenlogik des Ortes im Einklang mit zeitgenössischen Gestaltungs- und Nutzungsanforderungen angemessen zu berücksichtigen?

Freizeit zwischen Inszenierungsvielfalt und sozialer Integration

Die soziale Bedeutung öffentlicher Freiräume als Orte des alltäglichen Zusammenlebens und der gesellschaftlichen Integration ist unbestritten. Sie zeigt sich in unterschiedlichsten Kommunikations-, Aneignungs- und Sozialisationsprozessen. Gleichzeitig ist der öffentliche Raum auch der Teil der Stadt, in dem Unsicherheit, Bedrohung und Ausgrenzung erlebt werden.

Die Menschen stellen sich im öffentlichen Raum zur Schau. Gesellschaftliche Veränderungen, wie die Zunahme an Freizeit, die Beschleunigung von Lebensabläufen und der demografische Wandel, haben unmittelbar Auswirkungen auf die Nutzung der Freiräume. Das Wertesystem der Gemeinschaft verändert sich und bildet sich in individualisierten Lebensentwürfen ab, mit denen die Art und Weise der persönlichen Inszenierung im öffentlichen Raum eng verbunden ist. Heute stellt das Entspannen, das „Loslassen" als aktive Tätigkeit, eine der zentralen Handlungen der Nutzer im öffentlichen Raum dar.[1]

Das Repräsentieren erfolgt bevorzugt an Orten, mit denen sich der Nutzer identifiziert, an Orten mit besonderer Strahlkraft, die häufig bereits über ihre Gestaltung ein Werteverständnis vermitteln: Ob als Skater auf Freitreppen oder als Flaneur auf Promenaden – man zelebriert öffentlich seine freie Zeit. Dieser besondere Luxus in unserer heutigen von Effizienz geprägten Welt macht die Nutzung des Freiraums zu einer demonstrativen Aussage. Dabei erfordern die Selbstinszenierungen der unterschiedlichen Szenen zugleich Rücksichtnahme, Umgangsformen, informelle Vereinbarungen oder auch Regelwerke. Die Freiräume der Städte sind Orte der Begegnung, an denen Toleranz und Rücksichtnahme immer wieder neu verhandelt werden. Die Balance zwischen Gestaltungsweisen, die einerseits Spielraum für individuelle Interpretationen lassen und andererseits Inbesitznahmen entgegenwirken, liegt in der Verantwortung aller am Planungsprozess beteiligten Akteure.

Wie gelingt es, Freiräume zu entwerfen, die individuelle und gemeinschaftliche Inszenierungen zulassen, das Miteinander unterschiedlicher Lebensstile befördern und zur sozialen Integration beitragen?

Stadtökologie zwischen Anpassungsstrategie und Gestaltungschance

Die Nutzung der öffentlichen Räume ist unter anderem geprägt von meteorologischen Verhältnissen, schlicht „vom Wetter". Veränderungen im Zuge des Klimawandels erweitern die Nutzungsansprüche an den öffentlichen Raum um neue Umweltaspekte.

03__Aneignung, Rücksichtnahme, Popularität und Pflegedefizit. Mauerpark, Berlin, Gustav Lange.

So wird gegenwärtig prognostiziert, dass das Klima in Berlin im Jahr 2100 dem heutigen von Zaragoza (Spanien) entspreche.[2] Höhere Temperaturen, veränderte Niederschlagsmengen und das Auftreten von extremen Wetterlagen werden die Gestaltung des öffentlichen Raums beeinflussen.

Aus diesem Grund sind Anpassungsstrategien bei der Freiraumplanung und -gestaltung unumgänglich. Raumkonfigurationen, Oberflächengestaltung, Möblierung, Verschattung und vor allem die Vegetation können einen entscheidenden Beitrag leisten, Städte lebenswert zu halten. Dabei gilt es, Freiräume unterschiedlicher Stadtstrukturen hinsichtlich ihrer klimatologischen Wirkung und Wirksamkeit zu evaluieren und im Kontext der jeweiligen Situation Konsequenzen abzuleiten.

Wie kann die Entwicklung von klimabedingten Anpassungsstrategien als Gestaltungschance begriffen werden, um öffentliche Räume weiterzuentwickeln?

Mobilität zwischen Verkehrsoptimierung und Begegnungszone

Infolge des autogerechten Ausbaus unserer Städte dominiert der motorisierte Individualverkehr den öffentlichen Raum. Gestalterische und städtebauliche Ansprüche wurden weitestgehend durch funktionale Aspekte ersetzt, wichtige Stadträume von Verkehrsadern durchschnitten, städtische Zusammenhänge durch monofunktionale Verkehrsbauwerke zerstört und Plätze zu Verkehrsknoten degradiert.

Um Aufenthaltsqualitäten zu verbessern, sind die Räume für den motorisierten Individualverkehr einzuschränken und Freiräume für die Bevölkerung zurückzugewinnen. Fußgängerzonen und Spielstraßen, die schwache Verkehrsteilnehmer schützen, haben aufgrund von Überregulierungen und überdifferenzierten Gestaltungen allzu oft ihre baukulturelle Angemessenheit verfehlt. In der Schweiz und in den Niederlanden hat man mit so- genannten Begegnungszonen (Shared Space) positive Erfahrungen gesammelt. Auf eine räumliche und weitestgehend auch gestalterische

Trennung der unterschiedlichen Verkehrsteilnehmer wurde verzichtet, gegenseitige Rücksichtnahme trat an die Stelle von Reglementierungen.

Wie können unsere städtischen Freiräume als integrative Gestaltungsaufgaben etabliert werden, die flexible und multifunktionale Lösungen verlangen und die Bedürfnisse aller Verkehrsteilnehmer angemessen berücksichtigen?

04__Begegnungszone: gestalterische und räumliche Verbindung der Verkehrsteilnehmer. Neue Mitte Ulm, Mühlich, Fink & Partner.

Demografischer Wandel zwischen Leere und Möglichkeitsraum

In vielen postindustriellen Regionen Deutschlands, und zwar in Ost und West, entstehen Freiräume durch Abriss. Dabei wird deutlich, dass Stadtbilder sich unwiederbringlich verändern, wenn kein Bedarf an Wohnraum oder Arbeitsstätten vorhanden ist. Wenn keine Gebäude mehr den Stadtraum fassen und gliedern, die Schrumpfungsprozesse unumkehrbar scheinen, sind es landschaftsplanerische Strategien, die den öffentlichen Raum neu strukturieren und qualifizieren können.

1. __ Die Soziologin Martina Löw beim baukulturellen Werkstattgespräch am 31. August 2009 in Berlin.

2. __ Fritz Reusswig vom Potsdam-Institut für Klimafolgenforschung beim baukulturellen Werkstattgespräch am 31. August 2009 in Berlin.

05__Vertikaler Grünraum als Vorbereitung auf den Klimawandel. MFO-Park, Zürich, Planergemeinschaft MFO-Park Burckhardt+Partner AG und Raderschall Landschaftsarchitekten AG.

06__Versuch positiver Besetzung freier Flächen im Schrumpfungsprozess. Pixelprojekt, Dessau, Heike Brückner, Projekte für Umbaustadt Dessau, Stiftung Bauhaus Dessau.

07__Balkonarchitektur, Abstandsgrün und Freiraum als Klischee für Investitionen. Arnulfpark, München, realgrün Landschafts-architekten.

Neue Freiräume in das Netz öffentlicher Räume zu integrieren, Raumkanten durch temporäre Installationen oder grüne Abschlüsse neu zu fassen und realitätsnahe Nutzungskonzepte zu entwickeln, sind baukulturelle Herausforderungen der besonderen Art. Einen Zuwachs an Freiflächen positiv zu besetzen, kann nur gemeinsam mit der ansässigen Bevölkerung und in genauer Analyse ihrer Nutzungsbedürfnisse erreicht werden.[3]

Demografischer Wandel bedeutet für den Umgang mit öffentlichem Raum hierzulande die Suche nach Anpassungsstrategien für eine älter werdende Bevölkerung. Neben der Barrierefreiheit sind es veränderte Nutzungsvorstellungen, die sich in der Ausstattung des öffentlichen Raums und seiner Bepflanzung widerspiegeln können. Gleichzeitig brauchen Kinder und Jugendliche selbstverständlich städtische Frei- und Grünräume, um sich zu entfalten. Demografischer Wandel ist zugleich eine Herausforderung für die Unterhaltungs- und Gestal-tungsetats der öffentlichen Kassen. Immer mehr stellt sich die Frage nach angemessenen Pflegestandards. Die Suche nach Kooperationspartnern scheint vielen Kommunen unerlässlich.

Welchen Beitrag können landschaftsplanerische Strategien beim Stadtumbau leisten, so dass zukunftsfähige Orte entstehen? Welche Bedeutung haben der Unterhalt und die Weiterentwicklung unserer öffentlichen Räume?

Stadtökonomie zwischen „harten" und „weichen" Standortfaktoren

Dass die Qualität von Freiräumen auch unmittelbar ökonomischen Nutzen stiften kann, spielt in der Diskussion um „weiche" Standortfaktoren, wie Kultur, Natur, Erholungs- und Freizeitwert, Konsumangebot und Schönheit einer Region oder einer Stadt bei Standortentscheidungen eine zunehmende Rolle.

3. __ Beispielgebende Wege werden im Rahmen der Internationalen Bauausstellung Stadtumbau Sachsen-Anhalt 2010 aufgezeigt. www.iba-stadtumbau.de

Die standortprägende Wirkung öffentlicher Räume ist auf verschiedenen Ebenen und in unterschiedlichen Zusammenhängen von Bedeutung: Der Wert von Immobilien und die Attraktivität für bestimmte Nutzungen werden dabei wesentlich vom Vorhandensein und vom Zustand städtischer Freiräume beeinflusst. Oft steht die Entwicklung hochwertiger Straßen, Plätze und Parks am Beginn von Investitionsmaßnahmen, um das Image eines Standortes positiv zu prägen und private Investitionen zu stimulieren. Was für einzelne Standorte gilt, ist auch auf ganze Städte übertragbar. Ihre Standortgunst wird durch die Attraktivität ihrer Freiräume mitbestimmt.

Dabei gilt es, die Dynamik der Stadtentwicklung im gesamtgesellschaftlichen Maßstab zu berücksichtigen. Probleme sozialer Entmischung durch Wertzuwachs und Ängste vor Verdrängung durch steigende Mietkosten können in direktem Zusammenhang mit Aufwertungsmaßnahmen quartiersbezogener Freiräume stehen.

Wie kann die Aufwertung öffentlicher Räume ausgewogen gesteuert werden, so dass sie sozial verträglich erfolgt und sich nicht ausschließlich auf die zentralen Räume unserer Städte konzentriert?

Balance zwischen öffentlicher Hand und privatem Engagement

In Deutschland liegt die Gestaltung und Unterhaltung städtischer Freiräume traditionell in öffentlicher Verantwortung. Einen „guten" öffentlichen Raum anzubieten, wird unter Berücksichtigung der sich wandelnden Leistungsbereitschaft und der Potenziale der öffentlichen Hand immer stärker zu einer gesellschaftlichen Schlüsselfrage.

Die gesellschaftlichen Anforderungen werden zunehmend prägnanter formuliert: mit Vorsorge ebenso wie mit gerechter Versorgung, mit Grundstückswerten ebenso wie mit Stadtentwicklungsstrategien. In der Gestaltung der für die Öffentlichkeit nutzbaren Räume wird sichtbar, ob und wie die zahlreichen Bedürfnisse, Interessen und Möglichkeiten einer Stadtgesellschaft umgesetzt werden.

Während in ursprünglich öffentlichen Domänen wie Bildung und Gesundheit inzwischen privatwirtschaftliche Angebote zahlreich am

Markt platziert sind, bleibt der private Zugriff auf städtische Freiräume umstritten. Trotz großer Skepsis bei den Fachleuten erfreuen sich öffentlich zugängliche, aber privatwirtschaftlich betriebene Angebote wie beispielsweise Einkaufs- und Bürozentren mit öffentlicher Durchwegung einer zunehmenden Beliebtheit in der breiten Öffentlichkeit. Teils sind private Akteure bereit, Verantwortung zu übernehmen und Gestaltungen zu finanzieren, zum Beispiel Unternehmen oder Bewohner mit unmittelbarem Interesse an Standortqualität.

Gleichzeitig ist der öffentliche Raum ein unveräußerlicher Bestandteil unseres Gemeinwesens, so dass uns die Integration weiterer Betreibermodelle vor die Herausforderungen stellt, Ansprüche an öffentliche Freiräume immer wieder dezidiert zu vertreten. Der gesamtgesellschaftliche Mehrwert von privatem Engagement im öffentlichen Raum muss dabei nachvollziehbar sein, die Privatisierung von Gewinnen bei Sozialisierung von Verlusten muss ausgeschlossen werden.

Wie kann private Verantwortung die Qualitäten des öffentlichen Raumangebotes erweitern und verbessern, gleichzeitig jedoch im Sinne des Allgemeinwohls kontrolliert werden?

Baukulturelle Herausforderung zwischen Gestaltungs- und Verfahrensqualität

Jede Stadt muss verantwortlich mit ihren Freiräumen umgehen, um langfristig als Gemeinwesen erfolgreich zu sein. Die Integrationsleistung, die von öffentlichen Räumen auf sozialer, kultureller, ökologischer und ökonomischer Ebene erwartet wird, kann nur im kooperativen Dialog mit allen Beteiligten gelingen. Neben der angemessenen Berücksichtigung dieser Anforderungen besteht die baukulturelle Herausforderung bei der Entwicklung von Freiräumen darin, projektspezifische Gestaltungsansprüche mit offenen Nutzungsmöglichkeiten in Einklang zu bringen.

Die Wertschätzung der öffentlichen Räume bemisst sich konkret an ihrer materiellen Qualität und an der alltäglichen Pflege, die für sie aufgewendet wird. Klare Zielvorstellungen für

08__Qualifizierung öffentlicher Räume durch privates Engagement. Neuer Wall, Hamburg, WES & Partner Schatz Betz Kaschke Wehberg-Krafft.

den öffentlichen Raum zu formulieren und dafür geeignete Strategien zu entwickeln, die sowohl die Qualität der Gestaltung als auch der Verfahren und der Kommunikation sichern, liegt in der Verantwortung der Kommunen. Dies verlangt von den beteiligten Politikern und Planern neben Fachkompetenz und Finanzierungswillen auch die Bereitschaft zum Experimentieren. Mit Hilfe transparenter Dialoge – untereinander und mit der Bevölkerung – kann es gelingen, die teilwei-

se ambivalenten Anforderungen an öffentliche Freiräume auszutarieren. Diese grundlegende Integrationsleistung stellt eine Hauptaufgabe der entwerfenden und planenden Disziplinen dar, um so mehr Verantwortung für eine wertige Gestaltung der Freiräume zu tragen. Die Qualität dieser Prozesse und Projekte prägt unsere Städte und somit unsere Gesellschaft maßgeblich, sie ist Sinnbild für unsere alltägliche Baukultur.

Weiterführende Literatur:

Martina Löw: Soziologie der Städte. Frankfurt a. M., 2008.
Johann Jessen, Ute Margerete Meyer, Jochem Schneider: stadtmachen.eu. Urbanität und Planungskultur in Europa. Stuttgart, 2008.
Jochem Schneider und Christine Baumgärtner (Hrsg.): Offene Räume/Open Spaces. Stuttgart, 2000.

Klaus Selle et al. (Hrsg.): Was ist los mit den öffentlichen Räumen? Analysen, Positionen, Konzepte. AGB Berichte No. 49, zweite, erweiterte Auflage. Aachen, Dortmund, Hannover, 2003.
Richard Sennett: Verfall und Ende des öffentlichen Lebens. Die Tyrannei der Intimität. Frankfurt a. M., 1986.

Jens S. Dangschat

Freiraumverantwortung
Wer nutzt den öffentlichen Raum? Wem nutzt der öffentliche Raum?

01__Symbolische Aneignung.

Der öffentliche Raum gilt als bestimmendes Element der „Europäischen Stadt", ist Grundlage für die Erfahrung europäischer Urbanität. Er soll jederzeit und „für alle" frei zugänglich sein. Der „Preis" dieser bürgerlichen Freiheiten ist, dass man sich zu benehmen weiß, das heißt, dass die Bürger gelernt haben müssen, was erlaubt ist und was nicht.[1] Soweit die normative Erwartung. Die historische Realität sah jedoch anders aus: Der Aufenthalt auf öffentlichen Plätzen war entweder nur bestimmten Bevölkerungsgruppen vorbehalten oder an strikte Regeln gebunden, die beispielsweise das Einkaufen auf dem Markt oder ein Durchqueren des Platzes, nicht aber ein Verweilen erlaubten.[2] Zudem konnte man sich auf die eingeschriebenen Codes des sozialen Raums verlassen, was dazu führte, dass bestimmte soziale Gruppen bestimmte Orte gemieden haben.

Der öffentliche Raum war niemals nur der zentrale Platz oder der große Park, sondern auch der Bürgersteig und die Nische zwischen Gebäuden. Das Gesinde hatte andere Räume als die Herrschaft, die Frauen andere als die Männer; und es gab die zeitlich bestimmten „Schauräume" des familialen Auftritts vor der Kirche oder am zentralen Platz. Der öffentliche Raum war also immer ein segmentierter Raum, wobei die raum-zeitlichen Überschneidungen von Ständen und Klassen durch Verhaltenscodes geregelt waren. Zudem war der öffentliche Raum von den Bewegungsmustern her nie ein Territorium, sondern immer schon ein Netzwerk.[3]

Erst in der Phase der Demokratisierung nach dem Ersten Weltkrieg wurde der heute weit verbreitete Anspruch formuliert, dass der öffentliche Raum „für alle" und „immer" frei zugänglich zu sein habe. Daraus folgt dann auch, dass immer dann, wenn dieser Anspruch in Gefahr gerät – durch Privatisierung, nicht-bürgerliche Verhal-

02__Armut ist Teil des öffentlichen Raums.

tensweisen oder Festivalisierung mit Erlaubnis kommunaler Verwaltungen –, die Bedeutung des öffentlichen Raums hervorgehoben oder gar der Untergang der „Europäischen Stadt" als Menetekel an die Wand geschrieben wird.

Dieser Beitrag wendet sich der aktuellen Situation in europäischen Städten zu. Dazu wird zum einen die immer stärker ausdifferenzierte Stadtgesellschaft skizziert, für deren soziale Bandbreite der gebaute Raum bisweilen zu eng wird. Das kann zu massiven Konkurrenzen bei der Raumaneignung und einer allenfalls „partiellen Integration" führen.[4] Zum anderen wird aus soziologischer Sicht gezeigt, wie sich Auseinandersetzungen zwischen sozialen Gruppen um knappe Güter interpretieren lassen. Schließlich werden die Möglichkeiten dargestellt, wie eine Gestaltung des öffentlichen Raums zur gesellschaftlichen Integration beitragen kann.

1. __ Norbert Elias: Über den Prozess der Zivilisation – Soziogenetische und psychogenetische Untersuchungen. Bände I und II, Frankfurt a. M., 1992. Elias beschreibt die Entwicklung der (städtischen) Gesellschaft auch als einen schrittweisen Übergang von der Soziogenese (soziale Kontrolle durch Machtmonopole des Staates) hin zur Psychogenese (soziale Kontrolle durch „sich selbst").

2. __ Auch dieses lässt sich auf dem an dieser Stelle gern zitierten Fresko von Ambrogio Lorenzetti zur „guten Regierung" im Sala della Pace des Palazzo Pubblico in Siena ablesen.
3. __ Manuel Castells: Das Informationszeitalter. Band 1: Der Aufstieg der Netzwerkgesellschaft. Opladen, 2001. Wenn im Zuge der Globalisierung von der Auflösung von Orten/Territorien zugunsten von Netzwerken geschrieben wird, dann ist diese Interpretation ausschließlich eine Folge der vergrößerten Reichweiten der Aktionsräume, was dazu führt, dass die Löcher zwischen den Routen größer und damit für den flüchtigen Betrachter sichtbar werden.
4. __ Hans Paul Bahrdt: Die moderne Großstadt. Reinbek, 1961.

03__Aneignung des öffentlichen Raums durch Veranstaltungen.

04__Inbesitznahme: Wiener Fußgängertunnel als Disco genutzt. Klaus Stattmann, Wien.

Gesellschaftliche Ausdifferenzierung

Dass die Stadtgesellschaften sich im Zuge der Globalisierung und des Übergangs zur urbanen Dienstleistungsgesellschaft stärker ausdifferenzieren, steht außer Frage. Meist geht dieses Verständnis jedoch über Stichworte nicht hinaus, oder aber es werden die unterschiedlichen Formen der Ausdifferenzierung vereinfacht betrachtet, in ihrer Überlagerung nicht verstanden und ihre Verortungen und sozial-räumlichen Erscheinungsformen als „Verursacher" sozialer Problematik bekämpft.

Der Grund für die „unübersichtlicher" gewordenen Stadtgesellschaften[5] sind folgende, parallel ablaufende Prozesse:

- (erneute) sozioökonomische Polarisierung (gleichzeitige Zunahme von Wohlstand und Armut aufgrund wachsender Vermögensunterschiede, die Einkommensschere öffnet sich, die Abfederung durch den Sozialstaat lässt nach)
- soziodemografische Verschiebungen (Überalterung/Unterjüngung der Gesellschaft, immer mehr Menschen mit Zuwanderungshintergrund, immer kleiner werdende Haushalte)
- soziokulturelle Heterogenisierungen (Wertepluralisierung und Schließung sozialer Gruppen entlang von Lebenszielen, die zu neuen sozialen Milieus und Lebensstilen [raumbezogenes Handeln] führt)[6]

Die neuen sozialen Schließungsmuster sind innerhalb der Soziologie derzeit noch unzureichend bekannt. Das liegt auch daran, dass die klassischen Merkmale sozialer Ungleichheit zunehmend schlechtere Indikatoren für Einstellungs- und Verhaltensunterschiede innerhalb der Stadtgesellschaften sind. In noch stärkerem Maße gilt dies übrigens für die in der Statistik vorhandenen soziodemografischen Merkmale, so

dass eine sinnvolle gesellschaftliche Steuerung für Stadtverwaltungen kaum noch möglich ist. Ein wesentlicher Grund für die starke Verunsicherung ist außerdem, dass viele Menschen den Überblick über die eigene soziale Lage verloren haben.

Unterschiedlichste gesellschaftliche Differenzierungen schlagen sich in heterogenen Segregations- und Konzentrationsmustern nieder, die analytisch bislang kaum verstanden wurden und daher stadtplanerisch allenfalls holzschnittartig „bearbeitet" werden. Zum einen wird noch der Melting-Pot-Obsession[7] nachgegangen (insbesondere hinsichtlich der Konzentration von Menschen mit Zuwanderungshintergrund resp. einer Armutspopulation), die nach dem geeigneten *social mix* sucht (auch wenn es in Westeuropa kaum einen empirischen Beleg dafür gibt, dass eine räumliche Konzentration per se benachteiligend oder integrationshemmend wirkt). Zum anderen wird auf die sozial-räumliche Erscheinungsform („problematischer öffentlicher Raum") eingegangen, es werden jedoch nicht die Ursachen behandelt, die einen Stadtteil zu einem „Problemquartier" machen.

Strategien der Konfliktaustragung

Menschen handeln nicht nach objektiven Kriterien, sondern nach ihren Wahrnehmungen und Bewertungen von Realität. Dabei beziehen sie sich vor dem Hintergrund eigener und fremder Erfahrungen (Sozialisation) auf eine Einheit aus gebautem Raum (Gelegenheiten, Infrastrukturen, Gebrauchswert) und sozialem Umfeld (Gleichheit/Unterschiedlichkeit, Sympathien, Verunsicherungen). Menschen nehmen selektiv wahr, sie verdrängen und überzeichnen. Wenn sie Wahlfreiheiten haben, halten sie sich in den Räumen auf, die ihnen sympathisch sind und die Identifikation unterstützen. Auf der anderen Seite meiden sie alles Unangenehme, Verunsichernde und Verängstigende.

---

5. __ Jürgen Habermas: Die neue Unübersichtlichkeit. Frankfurt a. M., 1985.

6. __ Jens S. Dangschat: „Soziale Ungleichheit, gesellschaftlicher Raum und Segregation", in: Jens S. Dangschat, Alexander Hamedinger (Hrsg.): Lebensstile, soziale Lagen und Siedlungsstrukturen. Hannover, 2007. S. 21 – 50.

7. __ Menschen unterschiedlicher Gruppen, so die Theorie, assimilieren sich vor allem dann zu einer Gesamtgesellschaft, wenn sie häufigen Kontakt haben. Diese Kontakthypothese hat sich empirisch kaum bewiesen, zumal es zu heftigen sozialen Konflikten führen kann, wenn unterschiedliche soziale Gruppen eng beieinander wohnen („überforderte Nachbarschaften") (vgl. Jens S. Dangschat: „Warum ziehen sich Gegensätze an? Zu einer Mikro-Meso-Makro-Theorie ethnischer und rassistischer Konflikte im städtischen Raum", in: Wilhelm Heitmeyer, Otto Backes, Rainer Dollase (Hrsg.): Die Krise der Städte. Frankfurt a. M., 1998.

05__Architektur schafft Konsumräume.

„Kapital [...] ermöglicht gleichermaßen, sich die unerwünschten Personen und Dinge vom Leib zu halten, wie sich den begehrten Personen und Dingen zu nähern und damit die zu ihrer Aneignung notwendigen Aufwendungen [...] so gering wie möglich zu halten."[8]

Da die Gesellschaft immer heterogener wird, nimmt die Zahl der erkennbar Anderen zu, während die der Gleichen abnimmt. Die Identität mit dem „Wir" ist herausgefordert, was sehr unterschiedliche Reaktionen hervorruft. Bildungsbürgerliche Ideale führen zu der in der Stadtplanung herrschenden Vorstellung, dass öffentliche Räume heterogen sein sollten. Es solle eine soziale Mischung vorherrschen, damit die Gesellschaft integriert sei (genauer gesagt: damit untere soziale Schichten sich integrieren können).

Vor dem Hintergrund einer verstärkten Wettbewerbssituation von Städten und Regionen, aber auch einer zunehmenden Ausdifferenzierung der Gesellschaft werden im öffentlichen Raum mit Mitteln des Städtebaus und der Architektur zurzeit viele „Bühnen der Selbstdarstellung" geschaffen, die von den Menschen als „Rollenspieler" zur Selbstinszenierung genutzt werden.

Die Selbstdarstellung sozialer Gruppen auf den städtischen Bühnen kann entweder unabhängig voneinander und nebeneinander geschehen – im Extremfall in Form von Parallelgesellschaften der nebeneinander existierenden Kiez-Kulturen – oder im Konflikt über Gestaltungs- und Definitions-Dominanzen. Diese Selbstdarstellung von bestimmten sozialen Gruppen, der soziale Positionierungskampf, kann als „Politik der Lebensstile" beziehungsweise „Lebensstilisierung" unter anderem im öffentlichen Raum begriffen werden.[9, 10, 11]

Viel zu selten wird in der Debatte über den öffentlichen Raum berücksichtigt, dass soziale Gruppen in unterschiedlicher Weise auf die Nutzung des öffentlichen Raums angewiesen sind und sich in ihm unterschiedlich verhalten. Die Möglichkeit, den öffentlichen Raum als Integrations-Plattform zu nutzen, hängt stark von den jeweils beteiligten sozialen Gruppen ab. Madanipour[12] hat in seiner Studie über öffentliche Räume in benachteiligten Quartieren europäischer Großstädte vor allem auf die Schwierigkeiten hingewiesen, unterschiedlichen sozialen Gruppen einen gemeinsamen Ort des sozialen Austauschs anzubieten. Kennzeichen dieser Gruppen sind beispielsweise ethnisch-kulturelle oder religiöse Hintergründe, Generationenkonflikte, betont männliches Verhalten, Zugehörigkeit zur Drogenszene oder zum Rotlichtmilieu.

- Aufgrund der geringen Mobilität sind einkommensschwache, ältere Menschen, Kinder und Jugendliche häufig auf die Nutzung des unmittelbaren Wohnumfeldes angewiesen. Die Einkommensspielräume der Bewohner solcher Quartiere sind gering, die Lebensstile, Wertvorstellungen und kulturellen Muster vielfältig. Diese Vielfalt muss auf engstem Raum ausgehalten werden, was das Gefühl des Gefangenseins im Wohnquartier verstärken kann.
- Der allgemeine soziale und städtebauliche Niedergang benachteiligter Gebiete verstärkt die Vernachlässigung sowohl durch Marktkräfte als auch durch Stadtplanung. Das zeigt sich in massiven Abnutzungen, Vandalismus und Schmutz im öffentlichen Raum und wirkt abstoßend.
- Gerade dann, wenn die Wohnungen überbelegt und/oder schlecht ausgestattet sind, sind soziale Gruppen auf die Nutzung des öffentlichen Raums als „Verlängerung" des eigenen Wohnraums angewiesen. Diese „nach draußen getriebenen" Gruppen haben aber sehr unterschiedliche Möglichkeiten und Praktiken, vom öffentlichen Raum Besitz zu ergreifen. Unter diesen Gruppen wirken besonders jene ausgrenzend, die auf andere „gefährlich" wirken und den Raum lange besetzen. Das

8. __ Pierre Bourdieu: „Physischer, sozialer und angeeigneter physischer Raum", in: Martin Wentz (Hrsg.): Stadträume. Frankfurt a. M. und New York, 1991. S. 25 – 34.

9. __ Helmuth Berking, Sieghard Neckel: „Die Politik der Lebensstile in einem Berliner Bezirk – Zu einigen Formen nach-traditionaler Vergemeinschaftungen", in: Peter A. Berger, Stefan Hradil (Hrsg.): Lebenslagen, Lebensläufe, Lebensstile. Soziale Welt. Sonderband 7, Göttingen, 1990. S. 481 – 500.

10. __ Jens S. Dangschat: „Raum als Dimension sozialer Ungleichheit und Ort als Bühne der Lebensstilisierung? – Zum Raumbezug sozialer Ungleichheit und von Lebensstilen", in: Otto G. Schwenk (Hrsg.): Lebensstil zwischen Sozialstruktur-analyse und Kulturwissenschaft. Opladen, 1996. S. 99 – 135.

11. __ Wulf Tessin: Freiraum und Verhalten – Soziologische Aspekte der Nutzung und Planung städtischer Freiräume – Eine Einführung. Wiesbaden, 2004.

12. __ Ali Madanipour: „Public Space and Social Integration", in: Schader Stiftung, Deutscher Städtetag, GdW Bundesverband deutscher Wohnungs- und Immobilienunternehmen, Deutsches Institut für Urbanistik & Institut für Wohnungswesen, Immobilienwirtschaft, Stadt- und Regionalentwicklung (Hrsg.): Zuwanderer in der Stadt – Expertisen zum Projekt. Darmstadt, 2005. S. 358 – 373.

06__ Gesellschaftliche Integration und Partizipation.

sind zum Beispiel männliche Jugendliche mit Zuwanderungshintergrund, Drogenkonsumenten, Straßenprostituierte oder Punks. Angst haben besonders ältere Menschen, Kinder und Frauen.[13]

• Wenn der öffentliche Raum neu- oder umgestaltet werden soll, treten Fachleute und Lobbyisten in einen Wettbewerb um die Zielsetzung der neuen Nutzbarkeit. Die Frage ist dann: Wem soll der öffentliche Raum gehören? In seine Gestaltung gehen normative Vorstellungen über das „richtige Zusammenleben" im Sinne einer mehr oder weniger offenen multikulturellen Gesellschaft ein.[14]

• Die Auseinandersetzungen im öffentlichen Raum werden weniger von der Sprache selbst bestimmt als vielmehr davon, ob vor dem Hintergrund einer angestrebten Integration oder Distinktion kommuniziert wird. Sprache, auch Fachsprache, wird als Machtmittel eingesetzt, um entweder Barrieren oder Brücken zu bauen.[15]

Menschen reagieren auf zu enge sozial-räumliche Situationen auf vielfältige Weise:

• Exit-Strategien: Sie bleiben zu Hause, suchen andere Orte in der Stadt auf oder weichen aus durch Wochenendtrips.

• Voice-Strategien: Sie protestieren, besetzen Räume demonstrativ (Skaten), setzen Zeichen (Graffiti) und provozieren Konflikte um die Nutzung des öffentlichen Raums.

• Vermeidungsstrategien einer zivilisierten Parallelgesellschaft: Sie nutzen den gemeinsamen öffentlichen Raum zeitlich und räumlich selektiv, wobei die Gruppen sich auf subtile Art ausweichen und aus dem Weg gehen.

• Partizipations- und Aushandlungsstrategien, unterstützt durch Moderationen und Empowerment: Eine „angemessene Nutzung" oder „angemessene Ausstattung" des öffentlichen Raums wird gemeinsam ausgehandelt, was häufig im Zuge von Stadtplanungs- und Lokale-Agenda-21-Prozessen in Um- und Neubaumaßnahmen geschieht.

13. __ Diese Befürchtungen müssen keinen realen Hintergrund tatsächlicher Bedrohung haben; der Leiter der Kölner Kriminalpolizei bringt diese Tatsache folgendermaßen auf den Punkt: Die falschen Menschen haben in den falschen sozialen Situationen vor den falschen Menschen Angst.
14. __ Patsy Healey: „On creating the ‚City' as a collective Resource", in: Urban Studies, 39, No. 10, 2002. S. 1777 – 1792.

15. __ Reiner Staubach, Selma Kurtoglu: Aufbruch zu einer neuen Streitkultur in einem Integrationsstadtteil – Konfliktvermittlung im interkulturellen Kontext. Dortmund, 2009.
16. __ Robert K. Merton: „Social Conformity, Deviation and Opportunity Structure – A Comment on the Contributions of Dubin and Cloward", in: American Sociological Review 24, 1959. S. 177 – 189. Der amerikanische Soziologe Merton hat nach Formen des Konformismus, der Innovation, des Ritualismus, der Rebellion und des Desinteresses unterschieden.

Welche Verhaltensmuster oder Kombinationen von Strategien[16] an welchem Ort zu welchem Zeitpunkt und von wem gewählt werden, hängt zum einen von der Art und dem Ausmaß der Integrationsherausforderungen und -potenziale sowie der sozialen Lage und dem sozialen Milieu der Akteure ab. Entscheidend sind aber auch die lokale Kultur des Mit- und Gegeneinanders, die Akzeptanzkultur, die soziale Praxis und die politisch-planerische Steuerung.

Die Gestaltung des öffentlichen Raums als Beitrag zur sozialen Integration

Die Gestaltung des öffentlichen Raums wird traditionell als Aufgabe von Architekten, Städtebauern und Landschaftsplanern gesehen. Wenn man die Gestaltung des öffentlichen Raums auf ein hochwertiges Design des gebauten Raums reduziert, ist dies nachvollziehbar. Aus der Planungserfahrung der letzten vier Jahrzehnte ist jedoch deutlich geworden, dass das Urteil der Fachleute über die Qualität des gebauten Raums oft nicht ausreicht, um mehrere soziale Gruppen vor Ort zufriedenzustellen. Durch eine schrittweise Integration auch partizipativer Verfahren hat sich die Vorstellung herausgebildet, dass die Gestaltung des öffentlichen Raums eine Frage der sozialräumlichen Gestaltung ist.[17]

Am Beginn stehen moderne Formen der Sozialraumanalyse, wobei quantitative (Statistiken, Typologien, Hypothesen, Prognosen, GIS-Kartierungen) und qualitative Verfahren (Sinnverstehen durch Beobachtungen, Tiefeninterviews, Gruppendiskussionen)[18] zusammengeführt werden.[19] Darauf bauen partizipative Prozesse auf, die neben der fachlichen Zielsetzung[20] vor allem das Ziel haben, Interessengruppen der Anrainer an einen Tisch zu bekommen und gemeinsam die Gestaltung der Rahmenbedingungen ihres Alltagshandelns zu erarbeiten. Wie viel Raum diesen Prozessen gegeben wird, hängt von einer Reihe „moderierender Variablen" ab,[21] welche den „Habitus des Ortes" bestimmen.[22]

Die Herstellung von kooperativen Formen des sozialen Kapitals ist letztlich genauso wichtig wie die Produktion des gebauten Raums in seiner Funktionalität und Ästhetik.[23, 24] Bei der Diskussion der Gestaltung des öffentlichen Raums geht es vor allem darum, „Brücken" zwischen solchen sozialen Gruppen zu schlagen, die zwar ein Stadtquartier teilen, dabei aber allenfalls geringe (positive) Kontakte haben (strengthening the weak ties).

Deswegen sollte die Gestaltung des öffentlichen Raums mit der Einweihung des fertiggestellten Ortes nicht enden. Wenn alle Planer und ausführenden Firmen gegangen sind, dann werden die Alltagsmenschen aktiv, die den öffentlichen Raum nutzen. Die Übergänge von der Herstellung zur Nutzung öffentlicher Räume sollten im Sinne kohäsiver Stadtgesellschaft als sozialer Prozess gestaltet werden. Eine Bespielung des öffentlichen Raums und die Verantwortung durch Institutionen und Stadtmanagement[25] sollten deshalb damit einhergehen, dass Bürger für „ihren" öffentlichen Raum Verantwortung übernehmen.

17. __ Andrea Breitfuss, Jens S. Dangschat, Sabine Gruber, Sabine Gstöttner, Gesa Witthöft: Integration im öffentlichen Raum. Werkstattberichte 82, Wien, 2006.
18. __ Marlo Riege, Herbert Schubert: Sozialraumanalyse. Grundlagen – Methoden – Praxis. Wiesbaden, 2002.
19. __ Achim Hahn: Zur Praxis der explorativen Quartiersforschung. Berlin, 2007.
20. __ Damit PlanerInnen und ArchitektInnen nicht auf eine ModeratorInnenrolle beschränkt werden, sollten seitens der AuftraggeberInnen fachlich begründet Eckpunkte formuliert werden, über die allenfalls diskutiert, nicht aber entschieden wird.
21. __ Reimund Anhut, Wilhelm Heitmeyer: „Desintegration, Konflikt und Ethnisierung – Eine Problemanalyse und theoretische Rahmenkonzeption", in: Reimund Anhut, Wilhelm Heitmeyer (Hrsg.): Bedrohte Stadtgesellschaft – Soziale Desintegrationsprozesse und ethnisch-kulturelle Konfliktkonstellationen. Weinheim, München, 2000. S. 17 – 75. Anhut und

Heitmeyer unterscheiden fünf solcher „moderierenden Variablen": Politische Steuerung, Politische Kultur, Soziale Netze und Gruppenbildung, Lokale Inter-Gruppen-Beziehungen und Soziales Klima.
22. __ Jens S. Dangschat: „Wohnquartiere als Ausgangspunkt sozialer Integrationsprozesse", in: F. Kessl, Hans-Uwe Otto (Hrsg.): Territorialisierung des Sozialen. Regieren über soziale Nahräume. Opladen, Farmington Hills, 2007. S. 255 – 272.
23. __ Olaf Schnur: Lokales Sozialkapital für die „Soziale Stadt". Politische Geographien sozialer Quartiersentwicklung am Beispiel Berlin-Moabit. Opladen, 2003.
24. __ Jens S. Dangschat: „Wohnquartiere als Ausgangspunkt sozialer Integrationsprozesse", in: F. Kessl, Hans-Uwe Otto (Hrsg.): Territorialisierung des Sozialen. Regieren über soziale Nahräume. Opladen, Farmington Hills, 2007. S. 255 – 272.
25. __ Stadt Wien, Geschäftsbereich Stadtentwicklung und Verkehr: freiraumstadtraumwien. Vorsorge, Gestaltung, Management. Das Wiener Leitbild für den öffentlichen Raum. Wien, 2009.

Baukultur als Kunst des Planens

Gabriele G. Kiefer kommentiert den Beitrag „Wer nutzt den öffentlichen Raum? Wem nutzt der öffentliche Raum?" von Jens S. Dangschat. Sie greift die Gedanken aus dem Text auf und überführt sie in die alltägliche Praxis.

Im Jahr 2004 wurde der von uns, dem Büro Kiefer Landschaftsarchitektur Berlin, entworfene Lene-Voigt-Park[1] in Leipzig vom damaligen Oberbürgermeister Wolfgang Tiefensee eröffnet: Publicity- und imagewirksam ist eine Gruppe von Kindern aus dem benachbarten Stadtviertel zusammengekommen, um die Parkeröffnung mit dem Bürgermeister vor den laufenden Kameras der Journalisten zu zelebrieren. Nach seiner Rede fragte Wolfgang Tiefensee das am nächsten stehende Kind: „Was wünschst Du Dir von diesem Park?" Der Junge antwortete: „Eine hundefreie Zone." Der Bürgermeister lächelte und stellte einem weiteren Kind dieselbe Frage: „Was wünschst Du Dir von diesem Park?" Die Antwort: „Auslauf für meinen Hund Felix."

Kürzer als in dieser spontanen Begebenheit können die Konflikte und Widersprüche bei der Nutzerbeteiligung im Planungsprozess von öffentlichen Freiflächen nicht auf den Punkt gebracht werden.

Im Rahmen einer „zunehmend stärker ausdifferenzierten Stadtgesellschaft", so Jens Dangschat, kommt im öffentlichen Raum zusammen, was eigentlich nicht zusammengehören will. Der öffentliche Raum ist damit nichts anderes als ein Spiegel des sich immer neu austarierenden Kräfteverhältnisses zwischen dem Normativen und der Handlungsfreiheit, zwischen dem Integrierten und Nicht-Integrierten, also auch zwischen den Mächtigen und den Schwachen unserer Gesellschaft.

Gerade „einkommensschwache, ältere Menschen, Kinder und Jugendliche" (Jens S. Dangschat) sind es, die aufgrund der geringen Mobilität „auf die Nutzung des unmittelbaren Wohnumfeldes angewiesen sind", eben jene, die

nicht auf „Exit-Strategien" zurückgreifen können. Es muss also jedem Planenden klar sein, dass er vor allem für diese Zielgruppe plant, wenn es um die Schaffung von öffentlichen Räumen geht. Doch wie können die widersprüchlichen Bedürfnisse dieser Menschen, dieser teilweise benachteiligten Stadtbürger, festgestellt und berücksichtigt werden, wo doch gerade sie sprachlos oder nicht integriert sind?

Die gängigen Formen der Nutzerpartizipation können Konflikte entschärfen – wenn auch nicht heilen – und im seltenen Idealfall einen normativen Konsens hinsichtlich der geplanten Freifläche herstellen.

Aber die Nutzerpartizipation ist immer auch eine Beteiligung derjenigen, die sich besonders gut durchsetzen und ausdrücken können und die Zeit und Kraft für dieses Engagement haben. Es etabliert sich sozusagen die neue Partizipationselite, die Schwachen bleiben weiter sprachlos und außen vor.

Die Handelnden müssen sich der Grenzen der Nutzerpartizipation bewusst sein, nichtzuletzt auch in zeitlicher und finanzieller Hinsicht. Würden alle Bedürfnisse der Beteiligten auf einer Fläche verwirklicht, würde für jede Gruppenidentität, jede Subkultur eine Teilfläche entstehen, die andere Nutzer ausschließt – eine Parzellenstruktur, die einem „Kleingartenverein der gesellschaftlichen Strömungen" nicht unähnlich wäre.

Die alten Fragen bleiben also weiterhin offen: „Wollen wir das?" und „Für wen planen wir?"

Die Planung eines öffentlichen Freiraums muss deshalb durch den Wissensfilter von Fachleuten gehen, die Erfahrung, Überblick und den Willen zum Interessenausgleich haben. Die Planer sind hier in einem ähnlichen Zwiespalt wie Politiker: einerseits den Eindruck zu vermitteln, tatsächlich alle Bedürfnisse zu berücksichtigen, andererseits in dem Wissen zu handeln, dass dies gar nicht möglich ist, sondern ein Ausgleich beziehungsweise ein Kompromiss geschaffen werden muss, der möglichst zukunftsträchtig ist.

Planung ist eben immer auch eine normative Setzung: Im besten Fall ist nicht das IST, der Sta-

---

1. __ Wettbewerb 1998, Fertigstellung 2004, elf Hektar. Im Jahr 2002 erhielt der Lene-Voigt-Park den Europäischen Preis für Landschaftsarchitektur, da das Konzept bewusst viel Raum

für bürgerschaftliches Engagement und Mitwirkung bot. Eingeschaltet waren Bürgerforen und Workshops, in denen die kritische Meinung und Kreativität der Anwohner gefordert waren. Beispielhaft haben die Kleinen im Jugendcamp ihre Spiellandschaft mitentwickelt. Aufgrund ihres Engagements sind die Bürger von der EU unterstützt worden.

tus quo der Gesellschaft, das Entscheidende, sondern das SOLL eines idealen Zusammenlebens, möglichst in der nahen Zukunft.

Die Kunst des Planers ist es, aus diesen Vorgaben für den öffentlichen Raum ein „Image" zu schaffen, das wiedererkennbar und charakteristisch für den bestimmten Ort ist: ein Raum, der durch seine Gestaltung schon ausgleichend auf das Verhalten der Nutzer wirkt. Im Idealfall ein Raum mit einer Aura, einer Atmosphäre, die weit über das rein Zweckmäßige hinausweist.

Gabriele G. Kiefer

Freiraum Freizeit – Was erwarten wir von öffentlichen Räumen?

Martina Löw kommentiert den Beitrag „Wer nutzt den öffentlichen Raum? Wen nutzt der öffentliche Raum?" von Jens S. Dangschat.

Neugestaltete Freiräume der letzten Jahre zeigen deutlich, dass den Bürgerinnen und Bürgern im öffentlichen Raum neue „Freizeitqualitäten" angeboten werden. Im Fokus der Gestaltung stehen Bänke, Tischgruppen, Turngeräte, Laufpfade, Schwimmgelegenheiten, Wasserbecken und -läufe als Ruhespender, Unterhaltungsplattformen und so weiter. In einer sich beschleunigenden Gesellschaft werden – so scheint es – Ruhe und Entspannung als die zentralen Funktionen der öffentlichen Räume angenommen. Das Anliegen ist verständlich. Menschen reden schneller, schlafen kürzer und müssen Informationen mittlerweile im Fernsehen in Sekundenschnelle aufnehmen, wofür noch vor dreißig Jahren Minuten verwendet wurden.[1]

Längst haben wir uns nun an die neuen Stadtbilder gewöhnt, die nicht nur als geplanter Raum im Alltag sichtbar werden, sondern auch gezielt als grafische Bilder zu Werbezwecken kursieren:[2] Jugendliche liegen auf der Wiese, Liegestühle stehen am Fluss, Frauen finden Ruhe auf der Parkbank, Berufstätige entspannen beim Joggen, Studenten rasten beim Cappuccino etc. Ein öffentlicher Raum gilt als gelungen, wenn Menschen dort Freizeitinteressen verwirklichen können. Ein öffentlicher Raum zählt als angenommen, wenn Menschen in Jogginghosen, Freizeitkleidung oder Badehose dort relaxen. Mit solch einem Raum kann sich ein Planungsbüro wie eine Stadtverwaltung als kompetenter Gestalter von Baukultur empfehlen, und oft liegt der wohlwollende Blick im Alltag genau auf jenen Räumen, in denen wir vergnügt wirkende Menschen in ihrer Freizeit beobachten können.

Dagegen ist wenig einzuwenden, doch erlaubt sei die Frage, ob damit der Anspruch, den wir an öffentliche Räume stellen, bereits erschöpft ist.

Jens S. Dangschat verweist in seinem Beitrag „Freiraumverantwortung" in diesem Band darauf, dass öffentliche Räume „Bühnen der Selbstdarstellung" seien. Was ist aus der Erwartung geworden, die einst Hannah Arendt auf den Punkt brachte, dass außer Haus sein auch heißt, „sich dem Licht der Öffentlichkeit auszusetzen"?[3] Was ist aus der Einsicht geworden, dass nicht nur in ihrer Mobilität eingeschränkte Menschen (auf die Jens S. Dangschat zu Recht verweist) auf den öffentlichen Raum angewiesen sind, sondern alle Menschen, weil gerade im Akt des öffentlichen Auftretens Zivilcourage eingeübt wird? Welche Räume können Verantwortung für das Gemeinwesen fördern? Welche körperliche Praxis sollen Freiräume – neben Freizeitvergnügen – nahelegen, damit neben der Suche nach Entschleunigung und Entspannung auch noch Platz für das gelassen wird, was früher „der aufrechte Gang" genannt wurde: Selbstbewusstsein, einen Standpunkt vertreten, in Kommunikation treten, Differenzen wahrnehmen? Baukultur heißt meines Erachtens nicht nur, die Interessen aller sozialen Gruppen zu sehen (auf die Jens S. Dangschat verweist), sondern auch im Gespräch darüber zu bleiben, welche Gesellschaft welchen Freiraum als ihr Fundament benötigt.

Martina Löw

1. __ Vgl. Hartmut Rosa: Beschleunigung – Die Veränderung der Zeitstruktur in der Moderne. Frankfurt a. M., 2005. S. 202.

2. __ Vgl. Martina Löw: Soziologie der Städte. Frankfurt a. M., 2008.

3. __ Hannah Arendt: Vita Activa oder Vom tätigen Leben. München, 1981 [1958].

Christoph Rosenkranz im Gespräch
mit Klaus Elliger und Martin zur Nedden

Handlungsräume
Öffentlicher Raum als kommunale Aufgabe

01__Uferpromenade vor der Pop-Akademie am Verbindungskanal in Mannheim, bueroschneidermeyer.

Klaus Elliger, Leiter des Fachbereichs Städtebau in Mannheim, und Martin zur Nedden, Bürgermeister und Beigeordneter für Stadtentwicklung und Bau in Leipzig, nutzen verschiedene Strategien für die qualitative Entwicklung öffentlichen Raums. Mannheim hat mit dem „Entwicklungskonzept Innenstadt" einen breit angelegten Dialog mit Bürgern, Politik und Verwaltung geführt, Leipzig entwickelt über Leitbilder verschiedene, sehr klare Gestaltungskonzepte.

Christoph Rosenkranz: Ist die Gestaltung öffentlicher Räume Ihre wichtigste Verantwortung?

Martin zur Nedden: Mein Aufgabenbereich umfasst eine ganze Reihe wichtiger Themen, der Umgang mit dem öffentlichen Raum ist eines davon. Und hat viele Facetten. Für die Entwicklung des öffentlichen Raums gibt es meines Erachtens nicht das eine große Gesamtkonzept, aber auch nicht nur Einzellösungen. Es ist sinnvoll, den öffentlichen Raum im Kontext jeweils unterschiedlicher Funktionen und räumlicher Situationen wahrzunehmen und entsprechend zu gestalten. In der Innenstadt muss er sowohl Verkehrsfunktionen erfüllen als auch für Besucher, Bewohner, Kunden oder dort Arbeitende attraktiv sein. In einem Raum in der Peripherie überwiegen vielleicht ökologische Anforderungen.

Klaus Elliger: Die Aufgabenstellung muss genau betrachtet werden. Danach wird entschieden, welche Mittel angewendet werden. Auch wir haben kein Patentrezept. Bottom-up- und auch Top-down-Ansätze sollten Hand in Hand gehen.

In Mannheim ist mit dem Entwicklungskonzept Innenstadt EKI ein sehr aufwendiges, umfangreiches und prozessuales Instrument entstanden. In mehreren Schritten wurden zusammen mit der Bevölkerung wesentliche Themen diskutiert, um die Interessenlagen abzubilden. Zehn Prozent der Einwohner wohnen in Mannheim in der Innenstadt. Das ist im bundesweiten Vergleich sehr viel. Insofern war das Konfliktpotenzial zwischen Nutzungen wie Einkaufen, Ausgehen und Wohnen auszuloten.

Dieser Prozess erfolgte in drei Phasen. Zunächst haben wir die Bürgerinnen und Bürger nach ihren Vorstellungen befragt. In einer zweiten Phase wurde durch Fachleute der Verwaltung aus den Vorschlägen eine Prioritätenliste erstellt und die Machbarkeit der Ideen untersucht. In der

dritten Phase diskutierten wir mit der Bevölkerung die Handlungsräume. Ich habe selten erlebt, dass Bürgerschaft und Verwaltung so konstruktiv in einen Dialog getreten sind.

Beim Konzept „Blau Mannheim Blau", dem Entwicklungskonzept für die innerstädtischen Wasserlagen, wählten wir den Weg, mit Hilfe eines Gutachtens den Stadtraum untersuchen zu lassen. Mit einer Broschüre und einer Ausstellung sind wir dann an die Öffentlichkeit getreten. Es galt, der Bevölkerung die Potenziale dieser Stadt an zwei Flüssen stärker ins Bewusstsein zu bringen.

zur Nedden: Der Erarbeitungsprozess in Leipzig sah etwas anders aus. Die Gestaltungsleitlinien für die Leipziger Innenstadt sind ein wichtiger Baustein im Hinblick auf den Umgang mit dem öffentlichen Raum. Weitere Bausteine sind beispielsweise die Konzepte „autoarme Innenstadt" und „Kinderspielen". Diese Konzepte sind in einem intensiven Diskussionsprozess entstanden, bei den Gestaltungsrichtlinien mit Fachleuten, beim Kinderspielkonzept auch unter Beteiligung von Kindern. Wichtige Aspekte der Gestaltungsrichtlinien sind unter anderem Aussagen zu Elementen der Gestaltung des öffentlichen Raums oder zur Freihaltung von störenden Einflüssen wie beispielsweise Werbung.

Rosenkranz: Ergeben sich aus den unterschiedlichen strategischen Ansätzen unterschiedliche Schlussfolgerungen für die Entwicklungs- und Unterhaltungsetats Ihrer Städte?

zur Nedden: Ich sehe da keinen Zusammenhang. Vor dem Hintergrund der knappen kommunalen Haushalte ist in vielen Kommunen tatsächlich zu wenig Geld für die Unterhaltung des öffentlichen Raums vorhanden. Dem kann ein wenig Rechnung getragen werden, indem bei der Konzeption der Räume darauf geachtet wird, dass Unterhaltungskosten bei Wahrung der Qualität möglichst gering bleiben. Auch kann mit Patenschaften zum Beispiel von Anliegern, Geschäfts- und Gastronomiebetreibern sowie Immobilieneigentümern hohen Kosten für die Öffentlichkeit entgegengewirkt werden. Trotzdem bleibt eine Lücke zwischen dem, was für die Qualität von öffentlichen Räumen erforderlich ist, und dem, was real zur Verfügung steht.

Elliger: Im Grunde genommen leben wir auf Kosten der nachfolgenden Generationen. Ich kenne kaum Kommunen, die für die Pflege von Straßen, Plätzen und Parks einen ausreichenden Etat zur Verfügung stellen können. Wir haben in Mannheim Baumpatenschaften initiiert. Mit einer Baumspende von 300 Euro unterstützen Bürger einen Stadtteile verbindenden Park. Diese Maßnahmen sind jedoch, ohne ihre Bedeutung schmälern zu wollen, nur bedingt wirksam.

zur Nedden: Wir in Leipzig haben uns entschieden, bestimmte Räume zu definieren, für die Unterhaltungsmittel prioritär aufgewendet werden. Das hat jedoch zur Konsequenz, dass bei anderen Räumen nur noch die Verkehrssicherheit und nicht mehr der Gestaltungsstandard gewährleistet werden kann. Wir erproben auch neue Formen von öffentlichem Raum, wie zum Beispiel im Modellprojekt „Urbaner Wald". Auf einer Brachfläche kreieren wir einen neuen Freiraumtyp, der einen öffentlich nutzbaren Grünraum darstellt, aber kein klassischer Park ist. Mit dieser neuartigen Gestaltung entstehen geringere Pflegekosten. Zusätzlich wird neben dem Mehrwert für die Bürger ein ökologischer Nutzen erzielt.

Rosenkranz: Gibt es neben dem Konzept des „Urbanen Waldes" weitere innovative Modelle, die Sie als beispielhaft für das kommunale Engagement in der Entwicklung des öffentlichen Raums sehen?

zur Nedden: Wir setzen uns in Leipzig sehr intensiv mit dem Thema der durch den Rückbau entstehenden Freiräume auseinander. An Orten, wo Abriss stattgefunden hat, aber kein Neubau erfolgte, verwenden wir das Modell der Zwischennutzung. Es handelt sich dabei nicht nur um öffentliche Grünflächen. Diese Flächen können von Bürgervereinen oder Anwohnern temporär genutzt werden. Damit verliert der Raum in gewisser Weise zwar den öffentlichen Charakter, letztendlich kommt seine Nutzung aber dem gesamten Quartier zugute. Ein Mischtyp aus privatem und öffentlichem Raum entsteht.

Gastronomisierung des öffentlichen Raums

Elliger: In Mannheim verspüren wir eher den Druck, privates Engagement abzuwehren. Natürlich ist zum Beispiel eine Außenbewirtung gewünscht. Jedoch dürfen Fußgängerzonen durch Verkaufsflächen nicht zu sehr eingeengt werden. Die unentgeltliche Nutzung muss weiterhin möglich sein. Ebenso schwierig verhält es sich mit dem Thema Werbung. Bei der ungehemmten Zunahme von Werbung im öffentlichen Raum kann die gewünschte Wirkung, die Belebung der Stadt, umschlagen. Es findet eine Überformung des öffentlichen Raums statt, die in dieser Form nicht akzeptabel ist. São Paulo z. B. unterbindet Werbung jetzt ganz.

zur Nedden: Vor einiger Zeit haben wir sehr intensiv über Tendenzen der Privatisierung des öffentlichen Raums durch Malls diskutiert. Wir beobachten momentan eine Gastronomisierung des öffentlichen Raums. Beispielsweise werden durch das Rauchverbot die Raucher auf die Straße verdrängt. Das hat zur Konsequenz, dass die Betriebe den Gastronomieraum auch nach außen verlegen. Es entstehen Räume mit Elementen wie im Innenraum. Die Sofas vor den Lokalen schaffen einen völlig neuen Charakter des öffentlichen Raums, der nie beabsichtigt war.

Elliger: Auch Heizpilze, die weder ökonomisch noch ökologisch vernünftig sein können, sind ein Problem. Mit den Raucherarealen entsteht, häufig provisorisch und improvisiert, eine Art der Gestaltung, die den öffentlichen Raum stark beansprucht.

Rosenkranz: Sie nannten bereits einige Akteure im öffentlichen Raum. Kann man das Engagement steuern, damit die von Ihnen beschriebenen negativen Effekte im Raum vermieden werden können?

zur Nedden: Die Vielzahl an Akteuren wird nie abschließend definiert werden können. In der Innenstadt sind es vor allem Immobilieneigentümer, Einzelhändler und Gastronomiebetriebe. Im weiteren Stadtraum sind es zum Beispiel auch Bürger- oder Kleingartenvereine. Gerade in der Innenstadt ist an das Angebot privaten Engagements die Erwartung geknüpft, dass man davon einen Nutzen hat. Dieser Nutzen dient aber leider nicht zwangsläufig dem Allgemeinwohl.

02__Wasser- und Kinderspiel in der Leipziger Innenstadt, treibhaus landschaftsarchitektur.

Elliger: Akteure sind in erster Linie die betroffenen Bürger. In der verbindlichen Bauleitplanung binden wir sie im Rahmen der Bürgerbeteiligung ein. Diese formalisierten Verfahren sind sehr effektiv. Nicht formalisierte Verfahren anzuwenden ist im Einzelfall ebenfalls wichtig. Für planerische Vorhaben in Vororten haben wir Workshops durchgeführt, an die sich konkurrierende Entwurfsverfahren anschlossen. Diese Ergebnisse wurden dann wiederum mit den Bürgern diskutiert. Das funktionierte sehr gut.

Rosenkranz: Gibt es weitere effiziente Modelle der Zusammenarbeit, die sich bewährt haben?

Elliger: Dazu möchte ich noch einmal auf den eingangs erwähnten EKI-Prozess zurückkommen. In Mannheim lief das Entwicklungskonzept Innenstadt über zwei Jahre. Das ist ein zeitintensiver Prozess, anders als bei einer kleinen Platzgestaltung, die nach ein oder zwei Workshops abgeschlossen ist. Die größte Gefahr an offenen Verfahren ist, dass Erwartungshaltungen bei den Bürgern geweckt werden und diese nach einer intensiven Beteiligung auch die Umsetzung sehen wollen. Aus finanziellen oder inhaltlichen Gründen sind jedoch nicht alle geäußerten Vorstellungen realisierbar.

Rosenkranz: Kann über die Beteiligung an Planungen hinaus auch Verantwortung an private Akteure delegiert werden?

zur Nedden: Schlussendlich muss die Verantwortung für den öffentlichen Raum immer in öffentlicher Hand liegen. Das in den USA gehandhabte Modell „Business Improvement District" (B.I.D.) ist ein Ansatz, der derzeit in einigen Bundesländern erprobt wird. Aber auch dabei stellt sich die Frage nach dem Ausmaß der Einflussmöglichkeiten der privaten Akteure bei der Bestimmung der Nutzungen und der Gestaltung des öffentlichen Raums. Dass den öffentlichen Raum jeder nutzen darf, ist dabei ein substanzieller Aspekt.

Elliger: Wir beobachten zunehmend, dass Malls bewusst damit spielen, den öffentlichen und den privaten Raum zu verwischen. Auch ohne Tür oder Sicherheitspersonal wird im Unklaren gelassen, ob der öffentliche Raum verlassen wird und man sich auf Privatgelände befindet. Einige Investoren versuchen genau das auszureizen. Am liebsten

wäre es ihnen, wenn die Kommune ihnen entsprechende Flächen abtreten würde. Das sollte man jedoch verhindern.

Öffentlicher Raum – öffentliche Verantwortung

Rosenkranz: Könnte in Anbetracht knapper öffentlicher Finanzmittel nicht ein Modell des öffentlichen Raums in privater Verantwortung zur Qualifizierung dieser Räume beitragen?

zur Nedden: Ich denke schon, dass es wichtig ist, eine abschließende Einflussmöglichkeit der öffentlichen Hand zu behalten. Also sicherzustellen, dass öffentlicher Raum auch öffentlicher Raum bleibt.

Elliger: Dem stimme ich zu. Wir beobachten im öffentlichen Raum viele Protagonisten, die die Kommune nicht mehr fragen wollen oder fragen müssen. Ein Thema wie die Zunahme an Infrastrukturen, wie Entsorgungscontainer für Glas, Schuhe, Altkleider und Verteilerkästen für Elektrizitätswerke und die Telekom, nimmt schnell überhand. Das kann Ausmaße annehmen, die dem öffentlichen Raum nicht zuträglich sind.

Rosenkranz: Wie können Sie dieser Entwicklung entgegentreten?

zur Nedden: Das Thema der Verteilerkästen zeigt sehr deutlich, dass der öffentliche Raum von Entscheidungen beeinflusst wird, die nicht mehr auf kommunaler Ebene gesteuert werden können. Wir müssen den diversen Leitungsbetreibern diese Kästen genehmigen. Es gibt in gestalterischer Hinsicht kaum Möglichkeiten, koordinierend einzugreifen. Das ist nur ein Beispiel, wie bei der Beschlussfassung über rechtliche Rahmenbedingungen die Auswirkungen auf den öffentlichen Raum nicht bedacht wurden. Trotzdem versuchen wir durch Setzung von rechtlichen Rahmen oder eigene gestalterische Aktivitäten die Qualität des öffentlichen Raums zu gewährleisten.

Rosenkranz: Herr Elliger, ich möchte nochmals das EKI aufgreifen. Kann das Verfahren ein Standardverfahren mit hohem baukulturellen Wert für eine in der breiten Öffentlichkeit akzeptierte Gestaltung werden?

Elliger: Das besondere am EKI-Prozess ist sicher der breit angelegte gemeinsame Diskurs mit Bürgern, aber auch mit Funktionsträgern, etwa aus dem Bereich Einzelhandel. Bei der Gegenüberstellung der unterschiedlichen Nutzungsansprüche an den Raum mussten an den Ideentischen und in den Workshops neue Antworten gefunden werden. Der Wert und die Bedeutung der gebauten Umwelt für die Stadtgesellschaft und das Individuum wurden von den Teilnehmern in den Fokus gerückt und klar bejaht. Wir haben nicht das Problem anderer Städte, mangelnde Rückendeckung in der Verwaltung, Politik oder Bürgerschaft für die erarbeiteten Konzepte zu haben. EKI hat hier sicher Leuchtturmcharakter. Wichtig bei einem solchen Prozess ist, auf Basis einer gegenseitigen Wertschätzung die Auseinandersetzung wirklich offen zu führen. Der Aufwand einer solch intensiven Bürgerbeteiligung darf allerdings nicht unterschätzt werden. Eine Aktivierung der Bürger für Projekte heißt aber auch, dass Erwartungen auf eine Umsetzung geweckt werden. Diese Erwartung zufriedenstellend zu bedienen, wird für uns durch die Finanzkrise sehr schwer werden.

Rosenkranz: Wir sprachen bereits von Baukultur als Dialog und Baukultur als gestalterische Ordnung. Was bedeutet Baukultur im Freiraum?

Elliger: Baukultur ist Planungskultur. Man merkt, wie identitätsstiftend der öffentliche Raum ist. Gerade vor dem Hintergrund knapper Kassen ist es wichtig, Identifikationspunkte im öffentlichen Raum zu erhalten oder zu entwickeln. Dabei müssen wir neben dem bürgerschaftlichen Engagement auch über konkurrierende Verfahren, wie Wettbewerbe, Mehrfachbeauftragungen und Workshops, zu interessanten Lösungen kommen und diese baulich umsetzen.

zur Nedden: Der öffentliche Raum ist ein zentrales Element der europäischen Stadt. Neben der Gestaltung ist die Gewährleistung unterschiedlicher Funktionen von Bedeutung. Qualitätvolle Gestaltung und angemessene Planungsprozesse sind zentrale Bestandteile von Baukultur.

03__Neue Aufenthaltsqualität auf dem Alten Messplatz in Mannheim, plattformberlin, Jens Metz.

Rosenkranz: Welche Positionen haben die Städte Mannheim und Leipzig zur Baukultur des Freiraums?

Elliger: Wir arbeiten stark daran, dass der öffentliche Raum qualitativ aufgewertet wird. Wichtig ist, dass wir im Fokus der Verantwortung für den öffentlichen Raum bleiben. Dabei müssen wir – die öffentliche Hand – auch in den öffentlichen Raum investieren können.

zur Nedden: Der öffentliche Raum ist ein wichtiges Element hinsichtlich der Gewährleistung gesellschaftlichen Lebens. Er ist kein beliebiges Gut, sondern gehört ins Zentrum der Betrachtungsweise. Das ist aus meiner Sicht eine wichtige Schlussfolgerung auch aus zurückliegenden städtebaulichen Debatten.

Perspektiven der Akteure

Wem gehört der öffentliche Raum?

Zwischen Planung und Selbstorganisation

Der öffentliche Raum unterliegt einer Vielzahl von Interessen. Nutzer, Gestalter und Organisatoren, die sich alltäglich mit dem Raum auseinandersetzen, wurden um ein Statement zur Frage „Wem gehört der öffentliche Raum und wer sollte sich um ihn kümmern?" gebeten.

Werner Sewing, Soziologe, Karlsruhe
Öffentlicher Raum ist allgemein zugänglicher Raum. Privater Raum definiert sich als privilegierter Raum. In den letzten Jahrzehnten vermischten sich beide Raumformen. Dieser hybride Raum, exemplarisch etwa in Shopping-Malls und Fußgängerzonen, könnte in der Zukunft die Bedeutung des öffentlichen Raums übertreffen. Erwartbar ist eine **Krise des öffentlichen Raums**, die zunehmend zu seiner Kontrolle und schleichenden Privatisierung führt. In Europa ist öffentlicher Raum immer auch politischer Raum. Die Zukunft des öffentlichen Raums ist ein Indikator für den Zustand unseres Gemeinwesens.

Kai Völckler, Urbanist, Berlin
Städte sind in ein transnationales Gefüge von Geld- und Personenströmen eingebunden, der öffentliche Raum ist nicht mehr an spezifische Orte gebunden. Er kann ein physisch erfahrbarer, aber auch virtueller, in den Medien hergestellter Raum sein. Es gibt **nicht mehr nur eine Öffentlichkeit**, sondern verschiedene Öffentlichkeiten – insofern stellt sich immer die Frage, wer ist Subjekt und Instanz der Öffentlichkeit (wer kommuniziert?), in welcher Sphäre oder welchem Medium findet Öffentlichkeit statt und wer ist davon ausgeschlossen? Das betrifft auch die Art und Weise, wie sich Gesellschaftlichkeit artikuliert und welche Funktion sie dabei als Öffentlichkeit einnimmt.

Michael Sachs, Geschäftsführer SAGA Siedlungs-Aktiengesellschaft, Hamburg
Wir leben in einer Zeit zunehmender **Regulierung und Privatisierung** öffentlicher Räume. Dies wird deutlich durch:
- die Verbreitung von Einkaufsgalerien, -passagen und Shoppingcenter in Innenstädten,
- die Vermietung öffentlicher Plätze an Event-Veranstalter oder für PR-Aktivitäten,
- die über das Jahr verteilte Nutzung öffentlicher Plätze für Frühjahrs-, Oster-, Herbst-, Wein- und Weihnachtsmärkte,
- Platzverbote für Obdachlose, Bettler, Raucher, Trinker, Flaschenbesitzer,
- Schwarze Sheriffs als Ordnungshüter in der City,
- Business Improvement Districts, Home Improvement Districts, Eigentümer-Standort-Gemeinschaften und privat finanzierte – und bestimmte – Aufwertungsmaßnahmen.

So frage ich: Wie lange ist der öffentliche Raum noch öffentlich? Und wann sind wir endgültig in der *gated community* angekommen?

Susanne Walz, Quartiersmanagerin, Berlin
Der öffentliche Raum gehört allen Bewohnern und Nutzern. In erster Linie sollte sich die öffentliche Hand im Sinne einer kontinuierlichen Pflege um den öffentlichen Freiraum kümmern. Eine Beteiligung der Nutzer halte ich für sinnvoll und

notwendig, wobei sich die Nutzer nicht an der Pflege beteiligen sollten, sondern an der **Verantwortungsübernahme** für den öffentlichen Raum. Denkbar wären spezielle Angebote im Freiraum für Ehrenamtliche, die jedoch durch hauptamtlich Tätige begleitet werden müssten.

Dieter Hoffmann-Axthelm, Publizist und Planer, Berlin
Öffentlicher Raum ist kein Selbstbedienungsladen. Es handelt sich entweder um kommunale Flächen, die viel Geld kosten, oder um private Flächen, die aus rein wirtschaftlichen Gründen öffentlich zugänglich sind. Letzteres beinhaltet die bekannten Restriktionen: Wer nichts kauft, ist nicht erwünscht, kann also, je auffälliger er ist, desto eher des Ortes verwiesen werden. Das spricht für die Verteidigung kommunalen öffentlichen Raums. Gleichwohl kann ich mich der gängigen Forderung nach Vermehrung des öffentlichen Raums nicht anschließen. Das ist ökologisch wie stadtwirtschaftlich falsch. Die Kostenfrage kann man noch so auffangen, dass man die Unterhaltung den Anrainern aufträgt, sowohl für Straßenland wie für Parks. Das erübrigt aber nicht die Frage, **wie viel öffentlicher Raum wirklich gebraucht wird**. Beispiel Tempelhofer Feld in Berlin: Die Parkplanung ist reiner Überschuss, daher stadtwirtschaftlich wie stadtökologisch gleich verantwortungslos.

Klaus Overmeyer, Landschaftsarchitekt, Berlin
Stadtstrände, Nachbarschaftsgärten, Skateparks, Flohmärkte – das Bedürfnis, jenseits der industriellen Massenproduktion eigene Produkte und Räume zu gestalten, manifestiert sich auch in der Entwicklung öffentlicher Freiräume. Es geht weniger um Bürgerbeteiligung im Sinne einer kooperativen Planung, sondern um Selbstorganisation, Raumverfügbarkeit und eigene Raumproduktion. **Öffentlicher Raum wird neu verhandelt:** Wo ist individuelle Gestaltung möglich? Für wen und wie lange? Wo bedarf es professioneller Gestaltung? Wie viel Koexistenz verträgt Gestaltung?

Ulrich Klaus Becker, ADAC-Vizepräsident für Verkehr, München
Für den ADAC geht es beim öffentlichen Raum primär um den Straßenraum. Von diesem erwartet der Bürger, dass für das konfliktfreie Nebeneinander aller **Mobilitätsbedürfnisse** ausreichend Fläche zur Verfügung steht.

Darüber hinaus zählt aber jeder frei zugängliche Ort zum öffentlichen Raum. Dieser sollte städtebaulich so gestaltet werden, dass er vom Bürger angenommen wird. Wichtig ist dem ADAC eine attraktive Ausgestaltung, die eine hohe Aufenthaltsqualität bietet, zum Verweilen einlädt und alltägliche Begegnungen fördert. Um Platz für „alle" zu bieten, sollte öffentlicher Raum barrierefrei und leicht zugänglich sein.

Alva Unger, Guerilla-Gärtner, Wien
Der öffentliche Raum gehört jedem Einzelnen. Das ist aber nicht in den Köpfen der Menschen. Den Guerilla-Gärtnern geht es darum, bewusst zu machen, dass man den öffentlichen Raum persönlich gestalten kann. Wir individualisieren den öffentlichen Raum, geben ihm eine **menschliche Dimension** und „erobern" uns so unsere städtische Umgebung zurück.

Beim Guerilla Gardening geht es um Eigeninitiative und soziale Empathie und darum, etwas gegen passive Unzufriedenheit zu tun.

Bernd Hunger, GdW Bundesverband deutscher Wohnungs- und Immobilienunternehmen e.V., Berlin
Unter der Bevölkerung wächst der Unmut über den Zustand des öffentlichen Raums. Er ist Ausdruck der Sorge, dass das städtische Gemeinwesen seine Verantwortung für den öffentlichen Raum nicht mehr hinreichend wahrnimmt. Dahinter versteckt sich eine ernstere Befürchtung und die Frage: Was hält die moderne Gesellschaft, in der gemeinsame Werte und Ziele ihre Bindekraft verlieren, zukünftig noch zusammen?

Ich meine, dass zu den Zusammenhalt fördernden Lebensbedingungen das konkret erlebte städtische Gemeinwesen und der konkret benutzte öffentliche Raum gehören.

Da das kommunale Gemeinwesen polarisierend wirkenden sozialen Belastungen ausgesetzt ist, wird das **Erleben von Gemeinsamkeit** umso wichtiger. Aufmerksamkeit müssen städtische Räume und Einrichtungen erfahren, die von möglichst vielen Bevölkerungsgruppen gemeinsam genutzt werden, in denen sich alle, unabhängig von Alter und sozialer Position, als Mitglieder desselben Gemeinwesens wahrnehmen: der Park und der Fußgängerboulevard, der Bahnhof und die Straßenbahn, der Stadtplatz, aber auch das Freibad und das Stadion. Auf der Stadtteilebene sind es der kleine Platz oder der Nachbarschaftstreff, die Gemeinsamkeit befördern können.

Die **soziale Organisation** der Städte und ihre räumliche Struktur sind eine öffentliche Aufgabe, sie darf nicht ausschließlich der Privatwirtschaft und den Märkten überlassen werden. Die Vernachlässigung des öffentlichen Raums und der öffentlichen Einrichtungen stehen am Beginn einer Entwicklung, die ihrer wirtschaftlichen und sozialen Eigenlogik folgend zur sozialen Segmentierung in den Wohnquartieren, in den Schulen und den Angeboten städtischer Dienstleistungen führt.

Das Verhältnis von Öffentlichkeit und Privatheit, von Markt und Staat muss neu auf den Prüfstein, um in der baukulturellen Debatte über den öffentlichen Raum weiterzukommen.

Bertram Weisshaar, Spaziergangsforscher, Leipzig

Raum wird in seiner Qualität erst aus der Bewegung in demselben erfahrbar, wobei das Gehen im Raum die unmittelbarste Raumerfahrung erschließt. Öffentlich wird dieser möglicherweise per Definition und rechtlicher Regelung. Zu einem Raum der Öffentlichkeit wird er aber erst, wenn die Öffentlichkeit sich in diesem einfindet, sich in diesem aufhält und bewegt, ihn nutzt und damit den **öffentlichen Anspruch** auf diesen Raum stets aufs Neue artikuliert. Der Besitz ist an dessen Nutzung gebunden.

Albrecht Ecke, Designer, Berlin

Der öffentliche Raum ist das Gefäßsystem der Stadt. Er ist für den Austausch von Informationen, Energien und Materie zwischen den privaten Räumen unerlässlich. Wenn er privatisiert wird oder verkommt, ist eine urbane Thrombose die Folge. Dagegen muss Planung und Gestaltung öffentlicher Räume sich stärker an **realen Bedürfnissen und Verhaltensweisen** der Nutzer orientieren und darf sich nicht in schönen Bildern verlieren. Eine neue Qualität öffentlicher Räume kann nur entstehen, wenn die öffentliche Hand die Zusammenarbeit von Planern, Architekten und Designern fordert und fördert.

Christian Führer, Pastor i. R. Nikolaikirche, Leipzig

Der öffentliche Raum ist als Ort „offen für alle", wie schon der Name sagt. Dass dieser Gedanke durchaus im **Bewusstsein des Volkes** lebt, zeigt sich, wenn es diesen Raum in entscheidenden

Momenten für sich in Anspruch nimmt, vor allem, um seinen Willen zu bekunden.

Verantwortlich sollten dafür, und sind es ja auch, die gewählten Vertreter des Volkes in den Kommunen sein. Für besondere gestalterische Aufgaben empfehle ich zusätzlich Vertreter der Kunst/Kultur und der Kirche zur Entscheidungsfindung zu befragen. Geht es um Entscheidungen von hohem allgemeinen Interesse, sind alle einzubeziehen über Umfragen, öffentliche Diskussionen oder eine Volksbefragung.

Regine Keller, Landschaftsarchitektin, München

In der aktuellen Diskussion um die Frage „Wem gehört die Stadt?" entbrennt, nicht nur aufgrund **angespannter Haushaltslagen**, allerorten der Streit um Eigentumsverhältnisse und Zuständigkeiten. PPP-Lösungen bescheren uns möglicherweise den Verlust jenes Raumes, der ureigenst dem Volk gehört. Darüber sollten uns die schönsten Widmungen nicht hinwegtäuschen.

Der öffentliche Raum gehört natürlich allen, weshalb sich auch alle um ihn kümmern müssen.

Petra Lachnit, Kindertagesstättenleiterin, Würzburg

Wem gehört die Stadt? Wem gehört der Mond? Wem gehört unsere Kindertageseinrichtung? All dies sind Fragen, die Kinder häufig beschäftigen. Sie setzen sich mit dem Besitz von Gütern auseinander und klassifizieren schnell in „reich" und „arm". „Du bist reich, weil dir als Chef unser Kindergarten gehört", sagte kürzlich ein Kind zu mir. Meine Antwort, die Einrichtung würde nicht mir, sondern allen Kindern und Eltern gehören und ich würde nur die Verantwortung für sie tragen, erschien dem Kind logisch. „**So wie die Luft**", entgegnete das Kind, „die gehört ja schließlich auch allen Menschen zum Atmen." Genau diese kindliche Ansicht kann auch auf den öffentlichen Raum übertragen werden. Er gehört allen Menschen. Zum Leben.

Hans-Henning von Winning, Verkehrsplaner, Oberstaufen

Der „Gemeingebrauch" öffentlicher Strassen und Plätze ist eine bedeutende Kulturleistung und dient Städtebau und Verkehr. Je dichter die Stadt, umso höher werden Erreichbarkeit und Wahlfreiheit; umso wichtiger aber auch der Freiflächencharakter öffentlicher Strassen. Monofunktionale Richtlinienflächen, wie getrennte Gleiskörper, Radwege, usw. verringern oder (zer-) stören diesen Gemeingebrauch. Meist besser wäre ein verträgliches Miteinander auf gleicher Fläche (einschliesslich Verkehr!) und neutrale Gestaltung. Urbanität und Mobilität erfordern neue technische **Entwurfs- und Verkehrsregeln**.

Mojib Latif, Klimaforscher, Kiel

Der öffentliche Raum gehört uns allen. Und deswegen sollten auch wir alle uns um ihn kümmern. Er sollte ein Ort der Begegnung und des Austausches sein. Hier könnten sich verschiedene Generationen treffen, Menschen aus allen Teilen der Bevölkerung und vor allem aus ganz unterschiedlichen Kulturkreisen. Der öffentliche Raum sollte lebendig sein und der Kommunikation dienen. Kultur sollte dort ihren Platz haben wie auch die Auseinandersetzung mit drängenden **politischen Fragen**. Kurzum: Er sollte die ganze Bandbreite der Gesellschaft widerspiegeln.

Klaus-Henning von Krosigk, Gartendenkmalpfleger, Berlin

Der öffentliche Raum ist spätestens seit dem 19. Jahrhundert von eminentem gesellschaftlichen Interesse. Das reiche grünplanerische Erbe dieses, aber auch des 20. Jahrhunderts zu erhalten, zu schützen und zu pflegen, ist inzwischen als gesellschaftliche Verpflichtung allgemein anerkannt.

Historische Gärten und Grünanlagen sind einzigartige Orte der Identifikation und stellen in ihrem reichen, unvergleichlichen Erlebnis- und Erholungswert einen unveräußerlichen Teil einer in Jahrhunderten gewachsenen Kulturlandschaft dar.

Es bedarf jedoch insgesamt verstärkter Anstrengungen, vor allem auch der Kommunen, durch eine gartendenkmalgerechte und damit nachhaltige Pflege unseres gartenkulturellen Erbes diesen Teil unserer „grünen Vielfalt" vor Schaden, namentlich auch Verlusten zu bewahren. Verarmung der geschichtlichen, der ästhetischen und der Erlebnisvielfalt wäre die Folge. Nur wenn unsere Gesellschaft insgesamt Gärten, Parks und Grünanlagen als Denkmale anerkennt und ihre dauerhafte Pflege rechtlich, personell und materiell für die Zukunft sicherstellt, wird eine in Jahrhunderten gewachsene gartenkulturell geprägte Lebensumwelt uns allen auch zukünftig als **Erholungs- und Aufenthaltsraum** ohnegleichen zur Verfügung stehen.

Wolffried Wenneis, Mannheim

Die Stadt und damit auch der öffentliche Raum sind – in Anlehnung an Fritz Schumacher – ein **gemeinnütziger Organismus**. Es ist daher die Aufgabe aller Bürger und der von ihnen gewählten Gemeinderäte, dieses Gemeineigentum zu pflegen und zu erhalten – nur dann wird Urbanität erreicht und gesichert. Dazu gehört auch, Freiräume gegen den Nutzungsdruck kommerzieller Interessen zu verteidigen und die als Folge des Neoliberalismus ausgehöhlte Gestaltungs- und Planungsmacht der Städte und Gemeinden wieder zurückzuerobern. Denn Investoren bauen Häuser, aber keine Städte.

Jörg Schlinke, Künstler, Schwasdorf

Als Künstler und Nichtplaner nehme ich den öffentlichen Raum als Gesellschaftsspiegel wahr. Ich versuche, in ihm zu lesen, und frage nach möglichen Bedeutungen. Ich beobachte hier **Phänomene** und denke darüber nach. Politisches, soziales und geschichtliches Geschehen sieht man dem öffentlichen Raum an. Mit meinen Interventionen im öffentlichen Raum beziehe ich mich auf Erlebtes oder Gefühltes. Auch in der Antwort auf die Frage nach der Pflege des öffentlichen Raums drückt sich Willen und Vermögen unserer Gesellschaft aus.

Boris Palmer, Oberbürgermeister Tübingen

Wie gut gestaltet er auch sein mag: Der öffentliche Raum ist **nie eine autonome Angelegenheit**. Als urbaner Kitt lebt er von der städtischen Vielfalt, seine besten Verteidiger sind die unterschiedlichsten Nutzer mit ihren – auch widerstreitenden – Interessen. Stadt ist mehr als eine geordnete Anhäufung von Sondernutzungen. Wenn wir Stadt auch als Antwort auf die Frage verstehen, wie Gesellschaft stattfindet und wie Integration im Alltag funktioniert, müssen wir für öffentliche Räume kämpfen, die von der urbanen Vielfalt leben und niemandem je ganz, uns allen aber ein bisschen gehören.

Stephanie Drlik, Lilli Lička

Städte im Klimawandel
Strategien für eine nachhaltige Parkentwicklung

01__Sturmschäden in einer Wiener Parkanlage.

Klimawandel gilt als die globale Herausforderung des 21. Jahrhunderts. Klimamodelldaten und weltweit anerkannte Studien und Berichte wie zum Beispiel des Intergovernmental Panel on Climate Change (IPCC) belegen einen durch Menschen verursachten und rasant voranschreitenden Wandel des weltweiten Klimas. In Europa veranlassen uns steigende Temperaturen, markante jahreszeitliche Verschiebungen und verstärkt auftretende Extremereignisse, wie Hitze- und Trockenperioden, Stürme oder Starkniederschläge, zu Maßnahmen. Insbesondere Städte und Ballungsräume sind von den Auswirkungen des Klimawandels bedroht. Dort leben bereits mehr als die Hälfte der Weltbevölkerung, in der Europäischen Union sogar fast 80 Prozent der Bevölkerung. Die Folgen des Klimawandels und der urbanen Entwicklung wirken sich auf die Identität und die Baukultur der Städte aus.

Städte produzieren derzeit etwa 75 Prozent der weltweit ausgeschütteten CO_2-Emissionen und weisen einen hohen Ressourcenverbrauch auf. Der überwiegende Teil der Städte breitet sich unvermindert in das Umland aus. Findet Wachstum jedoch konzentriert und nicht ausufernd statt, können Umweltbelastungen durch die Schonung von Ressourcen sogar verringert werden.

Im Gegensatz zum großstädtischen Wachstumstrend stehen *shrinking cities*[1]. Bei der Anpassung an den Klimawandel wird die ökonomische Knappheit in schrumpfenden Städten zum Problem: Anpassung erfordert Investitionen, die aufgrund finanzieller Engpässe kaum getätigt werden können.[2]

In Großstädten kann es durch fortschreitende Dichte zur Intensivierung bestimmter Auswirkungen des Klimawandels kommen, wie etwa der weiteren Erhöhung von Extremtemperaturen. Versiegelte Flächen, ungeeignete Materialien, fehlende Vegetation sowie verbaute Durchlüftungsschneisen verursachen Hitzeinseln. Durch die starke Aufwärmung tagsüber und eine eingeschränkte nächtliche Abkühlung heizen sich dicht bebaute Städte im Vergleich zu ihrem Umland deutlich stärker auf. Eine direkte Verbindung des Hitzeinsel-Effekts mit dem weiteren Fortschreiten der globalen Erderwärmung ist umstritten.[3] Es scheint jedoch schlüssig, dass sehr dichte Ballungsräume die globale Erwärmung begünstigen. Die physische Form der Stadt ist daher mit der Intensität der Auswirkungen des Klimawandels in Verbindung zu bringen, was unweigerlich zur Debatte über die Verantwortlichkeit der Akteure führt, die Städte formen.

Die Auswirkungen und Einflüsse des Klimawandels auf die Gestaltung des städtischen Freiraums sowie auf das urbane Leben und die Lebensqualität der Stadtbewohner müssen heute im Kontext großstädtischer Entwicklung diskutiert werden. Möglichkeiten der Vermeidung bzw. Verlangsamung des Klimawandels und der Anpassung an diesen werden im urbanen Freiraum handlungsleitend.

Öffentliche Parkanlagen machen zwar üblicherweise nur einen geringen Flächenanteil, aufgrund ihrer wichtigen Funktionen jedoch einen bedeutenden Teil des öffentlichen Freiraums einer Stadt aus. Sie werden, früher wie heute, errichtet und gestaltet, um die Qualität des städtischen Lebens in unterschiedlicher Weise zu verbessern. Aufgrund der so wichtigen Nutzungs- und Erlebnisfunktionen für die städtische Bevölkerung sowie der stadträumlichen und gliedernden Funktion weisen vor allem bewährte und von der Bevölkerung angenommene Parks einen hohen baukulturellen Wert auf und können wichtig für die Identifizierung der Bewohner mit einer Stadt sein.[4] Der städtische Freiraumtypus „öffentliche Parkanlage" unterliegt, schon aufgrund der großen Bedeutung der Vegetation, spezifischen Anforderungen an die Gestaltung, die Erhaltung und somit auch an die Klimawandelanpassung. Anpassungsstrategien für Parkanlagen können daher nicht generell für alle Freiraumtypen einer Stadt übernommen werden. Es steht aber fest, dass zur Erhaltung von Aufenthaltsqualitäten und zur Minimierung von Kosten für alle städtischen Freiräume, wie beispielsweise Stadt- und Quartiersplätze, Promenaden und Straßen sowie Freiräume in Wasserlagen, der Klimawandel bereits im Planungs- und Gestaltungsprozess Berücksichtigung finden muss. Die Anpassung an eine sich

1. __ Zum Beispiel: ARCH+: Shrinking Cities – Reinventing. Nr. 173, Mai 2005.
2. __ Phillipp Oswalt, Tim Rieniets: Atlas der schrumpfenden Städte/Atlas of shrinking cities. Ostfildern, 2006.
3. __ Zum Beispiel: Tomas C. Peterson: „Assessment of Urban Versus Rural In Situ Surface Temperatures in the Contiguous United States: No Difference Found", in: Journal of Cliate, Vol. 16, 2003, No. 18, S. 2941 – 2959.
4. __ Alan Tate: Great City Parks. London, New York, 2001.

02__Wiener Stadtgärtner bei der täglichen Arbeit.

wandelnde Klimasituation bleibt dabei ein andauernder Prozess und kann keinesfalls durch einmal
gesetzte Maßnahmen abgeschlossen sein.

Grünanlagen stabilisieren das Stadtklima

Schon lange bekannt und diskutiert sind die im
Zeitalter der fortschreitenden Urbanisierung immer wichtiger werdenden stadtökologischen und
stadthygienischen Funktionen von Parkanlagen
sowie ihre Schutzfunktion für Ressourcen. Parks
dienen nicht nur als Lebensraum für Tiere und

Pflanzen und tragen dadurch zur Erhaltung der urbanen biologischen Vielfalt bei. Bei entsprechen-
der Pflanzenwahl haben innerstädtische Anlagen
auch wesentlichen Anteil an der Stabilisierung
und Verbesserung des lokalen Stadtklimas.
Schon durch eine zehnprozentige Erhöhung des
städtischen Grünflächenanteils können Hitzeinseln durch Beschattung und kühlende Verduns-
tung um bis zu 4 Grad Celsius reduziert werden.[5]
Vor dem Hintergrund der Bildung von Hitzeinseln
und des fortschreitenden Klimawandels gewinnen
die ökologisch und kleinklimatisch ausgleichen-
den Funktionen der Parks im großstädtischen Gefüge an Bedeutung, was den verstärkten Schutz

innerstädtischer Grünanlagen zur Folge haben muss. Zur Abschwächung der Auswirkungen des Klimawandels muss eine Grundsicherung bestehender Parkanlagen gegeben sein; ebenso ist ein weiterer Ausbau der urbanen Grünstruktur zu forcieren. Es ist jedoch zu bedenken, dass nur qualitativ hochwertige und gepflegte Grünanlagen die Funktionen zur Abschwächung des Klimawandels erfüllen. Ausgetrocknete Grünflächen hingegen weisen eine hohe Wärmespeicherfunktion auf und erzielen somit die gegenteilige Wirkung.[6]

Die Einschränkung von Treibhausgasemissionen sowie ein möglichst schonender Umgang mit Umwelt, Ressourcen und Energie sollten in allen drei Entwicklungsphasen einer Parkanlage (Planungs- und Gestaltungsphase, Umsetzungsphase, Nutzungs- und Erhaltungsphase) bedacht werden. Beispielsweise können bei der Ausgestaltung regionale und umweltverträgliche Materialien eingesetzt werden.

Anpassung an den Klimawandel ist notwendig

Neben dem Versuch, Auswirkungen des Klimawandels zu vermeiden oder abzuschwächen, müssen bislang erfolgte Klimaänderungen erkannt und städtische Parkanlagen auf eine neue Situation vorbereitet werden. Bereits eingetretene und zu erwartende Veränderungen erfordern die Entwicklung von Anpassungsstrategien vor dem Hintergrund einer nachhaltigen Entwicklung.[7]

Öffentliche Grünanlagen im Eigentum oder in der Pflege der Städte fallen in die Verantwortlichkeit der Kommunen, die nicht nur zur Entwicklung der grünen Infrastruktur, sondern auch zu deren Erhaltung verpflichtet sind. Die Anpassung an den Klimawandel und somit die Gewährleistung der Zukunftsfähigkeit von öffentlichen Parkanlagen gehört zu den Pflichtaufgaben der Kommunen. Gerade die absehbar wachsende Belastung kommunaler Haushalte lässt eine angemesse-

ne Umsetzung dieser Pflichtaufgaben gefährdet erscheinen. Doch den langfristig erhöhten Erhaltungskosten durch die Auswirkungen des Klimawandels kann durch strategisch geplante Anpassungen (Adaptierung) vorgebeugt werden. Zwar führt die Einführung von Anpassungsstrategien und deren Umsetzung kurzfristig zu einem höheren Arbeits- und Kostenaufwand, langfristig jedoch rechnen sich rechtzeitig begonnene Maßnahmen, da fortlaufend notwendige sanierende Erhaltungsmaßnahmen begrenzt werden.[8]

Die Einführung und Umsetzung von Anpassungsstrategien in öffentlichen Grünanlagen liegen in der Verantwortlichkeit kommunaler Grünflächenämter. Jedes dieser Ämter sollte daher aus nationalen, regionalen und sektoralen Klimaanpassungsstrategien konkrete Aktionspläne für den Wirkungsbereich Parkanlage ableiten. Stadtgärtner wissen um den Klimawandel als neue Herausforderung für die Parkgestaltung und -erhaltung. Innerhalb der Abteilungshierarchien werden Klimawandelauswirkungen aber unterschiedlich wahrgenommen: Das Management erkennt die Bedeutung und Dringlichkeit von Anpassungsstrategien aufgrund der wachsenden Verantwortlichkeit im öffentlichen Bereich; Stadtgärtner nehmen Klimawandel in Form von veränderten Pflegeabläufen wahr, die einen steigenden Arbeitsaufwand verursachen.[9]

Klimawandelauswirkungen auf Parkanlagen

Das Ausbleiben von längeren Winterfrösten kann zu einem vermehrten Schädlingsaufkommen führen, bei Befall der durch Hitze- und Trockenstress geschwächten Gehölze können beträchtliche Schäden entstehen. Vermehrt auftretende Starksturm-Ereignisse bringen insbesondere nach langen Trockenperioden gefährliche Baumbrüche mit sich. Der zur Vorbeugung notwendig gewordene Kontrollschnitt erfordert einen hohen

5. __ S. E. Gill et al.: „Adapting Cities for Climate Change: The Role of the Green Infrastructure", in: Built Environment, Vol. 22, 2007, No. 1, S. 115 – 133.
6. __ TU Berlin: Besseres Stadtklima durch viele Parks. Klimatologen der TU Berlin forschen für besseres Stadtklima. Medieninformation der TU Berlin, Nr. 196 vom 27. August 2007.
7. __ Gary W. Yohe et al.: „Perspectives on climate change and sustainability", in: Martin L. Parry et al. (Hrsg.): Climate change

2007: Impacts, Adaptation and Vulnerability. Contribution of Working Group II to the Fourth Assessment Report of the Intergovernmental Panel on Climate change. Cambridge, UK, 2007, S. 811 – 841.
8. __ Ebd.
9. __ Stephanie Drlik, Andreas Muhar: „Climate Change asks for Sustainable Adaptation of Parks: A Challenge for Maintenance and Design", in: Lilli Lička, Eva Schwab (Hrsg.): Institute of Landscape Architecture, University of Natural Resources and Applied Life Sciences, Vienna. Conference Proceedings, Landscape – Great Idea! X-LArch III. Wien, 2009, S. 74 – 77.

Aufwand. Zur Beseitigung von Sturmschäden werden zusätzliche Arbeitskräfte benötigt. Oftmals können Gehölze nur durch intensive Pflegemaßnahmen in gutem und für die Besucher sicherem Zustand erhalten werden. Bisweilen reicht aber auch ein hoher Pflegeaufwand nicht mehr aus, und der Bestand muss ausgewechselt werden. Bereits in Verwendung stehende Sortimentslisten, wie etwa die Straßenbaumliste der Deutschen Gartenamtsleiterkonferenz (GALK), berücksichtigen klimatische Standortansprüche und wissenschaftliche Erkenntnisse zum Klimawandel.

Ebenfalls von Auswirkungen des Klimawandels betroffen sind Materialien beispielsweise für Bodenbeläge oder auch die Parkmöblierung. Sommerblumen und Stauden leiden besonders unter Hitze- und Trockenperioden. Aufgrund der Klimasituation benötigen Rasenflächen zur qualitativen Erhaltung immer intensivere Pflegeleistungen. Starkregenereignisse führen häufig zu folgenschweren Überschwemmungen in Parkanlagen.

Neben diesen direkten Auswirkungen meteorologischer Veränderungen muss auch mit Folgeeffekten, wie veränderten Nutzungsfrequenzen und Nutzungsmustern, gerechnet werden. Besucher wirken zukünftig anders auf städtische Parks ein als bisher. Besonders die Klimaerwärmung kann eine intensivere, ganzjährige Nutzung von Grünanlagen ermöglichen. Dabei kann die Nutzbarkeit aber nur durch Anpassungsmaßnahmen erhalten werden, da sich erhöhte Strahlungsintensitäten oder veränderte Temperaturen in den Sommermonaten negativ auf die Aufenthaltsqualität in offenen Parkbereichen auswirken können.

Die langfristige Verantwortung der Gestaltung

Der Klimawandel ist eine von vielen Anforderungen, die keinesfalls isoliert betrachtet werden darf. Öffentliche Parks in wachsenden Ballungsräumen sind heutzutage einem enormen Druck ausgesetzt: Sie werden nicht nur häufiger besucht und intensiver genutzt als bisher.[10] Geänderte Lebensstile,[11] eine zunehmende Diffe-

renzierung der Nutzungsansprüche der Besucher und ein demographischer Wandel erfordern die Schaffung von multifunktionalen Räumen.

Innerhalb einer Parkanlage agieren verschiedene, untereinander vernetzte Fachbereiche mit unterschiedlichen Akteuren: Aus dem Klimawandel resultierende Verletzlichkeiten und Handlungsmöglichkeiten variieren. Vorerst betreffen die Auswirkungen des Klimawandels in verstärktem Maße die Parkpflege, da es bereits zu einem erhöhten Pflegeaufkommen und der Umstellung von Pflegesystemen kommt.[12] Für eine nachhaltige Parkentwicklung bezieht aber bereits die Gestaltung Veränderungen des Klimas in die Parkkonzeption ein: Vorausschauende Gestaltung kann Folgekosten für die Erhaltung und Pflege minimieren und die Funktionalität und Aufenthaltsqualität im Klimawandel verbessern.

Obwohl der Gestaltungsprozess aufgrund der veränderlichen Anforderungen weit über die Umsetzungsphase reichen muss, scheiden Landschaftsarchitekten nach Fertigstellung des Entwurfs üblicherweise aus der weiteren Parkentwicklung aus. Die Betreuung wird fast immer Stadtgartenverwaltungen überlassen. Der Verantwortung der Gestalter könnte durch im Vorfeld festgelegte Anpassungs- und Entwicklungskonzepte und Pflegepläne entsprochen werden.

Gewisse Gestaltungsmaßnahmen aufgrund der Klimawandelauswirkungen scheinen schlüssig. So ist beispielsweise der vermehrte Einsatz von vegetativen oder konstruktiven Beschattungsvorkehrungen erforderlich. Außerdem gewinnt, in der Parkgestaltung ebenso wie in der Parkpflege, das Element Wasser an Bedeutung: Zur Verbesserung der Aufenthaltsqualität wird es zu einem wichtigen Gestaltungselement, da Wasser an heißen Tagen das lokale Mikroklima positiv beeinflusst und schon der reine Anblick erfrischend auf Besucher wirkt.[13] Auf Trockenperioden kann entweder mit der Einführung trockenresistenter und pflegeextensiver Vegetation oder mit verstärkten Bewässerungsmaßnahmen reagiert werden. Da zukünftig mit einer Verknappung von Wasser zu rechnen ist, sollten bei regelmäßiger Bewässerung der erhöhte Ressourcen- und Arbeitskräftebedarf sowie die dadurch steigenden Kosten bedacht werden. Der Einsatz eines klimawandeltauglichen Pflanzensortiments vermeidet Folgekosten. Das Sammeln von Regenwasser kann Wasserengpässe überbrücken. Starkregenereignisse erfordern versickerungsfähige Oberflächen und weitere Entwässerungsmaßnahmen, um Überschwemmungen zu vermeiden.

Da Klimaprognosen Unsicherheiten beinhalten, sich regional unterscheiden und Anpassungsmaßnahmen stark von spezifischen Gegebenheiten wie dem städtischen Gefüge oder den nutzenden Besuchergruppen abhängen, sind generalisierende Aussagen zur Gestaltung öffentlicher Freiräume und Parkanlagen im Prozess der Anpassung an den Klimawandel schwer zu treffen. Einen Lösungsansatz stellt die Entwicklung einer Parkkonzeption dar, die beständige und schwer veränderliche Parkelemente, wie die Topografie, die Wegeführung oder die Platzierung von Großgehölzen dauerhaft festlegt, welche jedoch durch flexible Ausgestaltungsmöglichkeiten innerhalb dieser Grundstruktur veränderbar und somit anpassbar bleibt.[14] Dieser Gestaltungsansatz kommt nicht nur der Anpassung an den Klimawandel entgegen, aktuellen Nutzungstrends kann dadurch ebenso Rechnung getragen werden.

frontiert werden und dadurch auch kurzfristig vor Ort Maßnahmen setzen müssen, vielmehr können sie auch durch entsprechende Weitergabe ihrer Beobachtungen dazu beitragen, Strategien anzuregen und mitzugestalten. Da die zukünftige Intensität des Klimawandels ungewiss ist, werden sowohl strategische Managemententscheidungen als auch spontane Anpassungsmaßnahmen zur Qualitätssicherung einer Parkanlage zu treffen sein. Öffentliche Parks können nur durch laufendes Monitoring an eine veränderliche Situation angepasst werden.

Bedenkt man die üblicherweise lange Lebensdauer eines Parks, so ist die Berücksichtigung des Klimawandels bei der Planung und Gestaltung einer Anlage unerlässlich. Gestaltung und Erhaltung müssen auf Auswirkungen des Klimawandels reagieren, um nachhaltige Parkqualitäten zu erreichen. Form und Anordnung, Raumkonzepte, Nutzungsdispositionen, Konstruktion, Material- und Pflanzenwahl sowie Parkpflege und -management spielen bei der Qualitätssicherung von Parks gleichermaßen eine Rolle. Diese Aspekte müssen daher auch bei der Erstellung von Konzepten zur Anpassung an den Klimawandel allesamt Berücksichtigung finden.

Nachhaltige Parkentwicklung im Klimawandel: die Bedeutung der Pflege

Der Klimawandel tritt nicht plötzlich ein, Folgeeffekte sind nicht immer kausal zu begründen. Bewusstseinsbildung und Sensibilisierung für die Problemstellung ermöglichen Akteuren vor Ort, Veränderungen in Parkanlagen als Auswirkungen des Klimawandels zu erkennen. Dies ist ein wichtiger Schritt zur Initiierung von Anpassungsstrategien: Parkpfleger sind nicht nur jene Personen, die als erstes mit Veränderungen in Parks kon

10. __ Alan Tate: Great City Parks. London, New York, 2001.
11. __ Dagmar Grimm-Pretner, Lilli Lička: „Open use for open spaces", in: John F. Benson, Maggie H. Roe (Hrsg.): Urban Lifestyles, Spaces, Places, People. Rotterdam, 2000, S. 273 – 280.
12. __ Stephanie Drlik et al.: Klimawandelanpassung in der Pflege und Erhaltung öffentlicher Grünanlagen in Großstädten unter Berücksichtigung des Konzepts der Nachhaltigen Entwicklung, untersucht am Fallbeispiel Wien. Dissertation an

der Universität für Bodenkultur, Wien – Department für Raum, Landschaft und Infrastruktur, Institut für Landschaftsarchitektur. Mit Unterstützung des Bundesministeriums für Wissenschaft und Forschung (proVISION), dem Lebensministerium, der Universität für Bodenkultur Wien, der Stadt Wien sowie den Ländern Niederösterreich und Steiermark, 2010.
13. __ Robert D. Brown, Terry J. Gillespie: Microclimatic Landscape Design. Creating Thermal Comfort and Energy Efficiency. New York, 1995.
14. __ Lodewijk Baljon: Designing Parks. Amsterdam, 1992. Oder: Meto J. Vroom: Outdoor Space. Amsterdam, 1992.

Ulrich Berding, Klaus Selle

Was vor dem Danach kommt

Vom Zwischennutzen der Freiräume

01__Der Bürgergarten in Leipzig entstand durch die Initiative des Bürgervereins Neustädter Markt e. V. und in Kooperation mit dem Amt für Stadterneuerung auf der Basis einer Gestattungsvereinbarung mit dem Eigentümer.

Die Stadt „ist" nicht, sie „wird". Ständige Veränderung prägt die Stadtentwicklung. Wer sich die
Geschichte europäischer Städte im Zeitraffer
vorstellt, wird erkennen, dass Gebäude und Frei-
raumnutzungen kommen und gehen. Es dominiert
zwar die Expansion nach außen, aber auch im Inneren finden Umstrukturierungen statt. Auch zeigt
ein solcher Langzeitblick, dass Rückentwicklun-
gen, die wir mit der etwas unglücklichen Bezeich-
nung „Schrumpfung der Städte" belegen, nicht
erst in der jüngeren Zeit zu beobachten sind:
Rom etwa hat mehrere Zyklen von Wachstum und
Schrumpfung im Laufe der Jahrhunderte erlebt.

So verstanden, sind alle Bodennutzungen und
Bauten in der Stadt „temporär" an Zeit gebunden.
Sie entstehen, verändern sich, verschwinden und
werden durch neue ersetzt. Allerdings haben
diese Veränderungen unterschiedliche Geschwindigkeiten: An bestimmten Orten, zu bestimmten
Zeiten verlaufen sie hochdynamisch. Andernorts
herrscht über Jahrhunderte Kontinuität. Und sie
weisen unterschiedliche Verlaufsformen auf:
Mal sind sie zyklisch, mal ist ihr Ausgang gänz-
lich offen, mal hält die Landnutzung gleichsam
den Atem an, bevor sich der nächste Schritt der
Stadtentwicklung vollzieht.

Vor einigen Jahren haben auch Freiraumplaner
und Landschaftsarchitekten die begrenzte Zeit
als Herausforderung für ihre Arbeit entdeckt und
sich ihr mit neuen Denkweisen, Konzepten und
Interventionen genähert.

Auf Zeit:
Davor, danach, dazwischen

Wenn eine Flussaue im Sommer der Erholung
dient und im Frühjahr oder Herbst überschwemmt
wird, wenn ein Bauer seine Felder in einer
bestimmten Fruchtfolge bestellt, wenn Kinder
im Winter an einem Hang rodeln, auf dem im
Frühjahr die Obstbäume blühen, oder wenn am
Wochenende ein Flohmarkt auf einem Parkplatz
stattfindet, der wochentags mit „ruhendem
Verkehr" vollgestellt ist – dann verweist das auf
Zyklen, die wir als völlig normal wahrnehmen. Hier
finden Nutzungen auf Zeit statt.

Während bei diesen temporären Nutzungen
die Abfolge der Phasen relativ klar geregelt ist,
gibt es Nutzungsphasen, die durch ein höheres
Maß an Unsicherheit bestimmt sind: Eine Fabrik

02___„Stattpark" Leipzig von Klaus Madlowski: 100 Parkplatz-
schilder wurden in einer Baulücke zu einem Schilderwald angeordnet. Sie verhindern wildes Parken und weisen zugleich
auf das Gestaltungspotenzial eines Freiraums hin.

stellt ihren Betrieb ein, ein Bahnareal wird nicht
mehr benötigt, ein Containerterminal verlagert
seinen Standort – ohne dass umgehend eine
neue Nutzung Einzug hält. Insbesondere an
Standorten, die wirtschaftlich nicht sehr attraktiv
sind, kann für lange Zeit offen bleiben, was geschehen wird.

Aber auch wenn klar ist, wie und durch wen
ein Grundstück in Zukunft genutzt werden soll,
können sich unvorhergesehene Zeiträume ergeben: Der Grundstückseigentümer setzt eine geplante Investition aus, planungsrechtliche Schwierigkeiten führen dazu, dass die Entwicklung eines
Neubaugebietes auf die lange Bank geschoben
werden muss – und so fort.

In allen diesen Fällen entstehen Räume, deren
Gebrauch für eine (un)bestimmte Zeit nicht eindeutig festgelegt ist: Man weiß nicht, ob sich eine
neue Nutzung finden lässt oder wann das, was
kommen soll, kommen wird. Aber die Frage nach
dem Davor gilt heute vielerorts als Herausforderung: Kann man die „Zeiten des Unbestimmten"
nicht für vielerlei Aktivitäten nutzen?

Aneignungen: Die Potenziale offe-
ner Räume entdecken und nutzen

Häufig sind es die Menschen aus der Umgebung, die sich die „offenen Räume" aneignen:
Hunde werden ausgeführt, Kinder entdecken
einen Abenteuerspielplatz der besonderen Art,

03__Nachbarschaftsgarten in Leipzig: Ein ungenutztes Gelände wird für die Anwohner zum Spielraum.

04__Zwischennutzung leerstehender Läden in Görlitz im Rahmen einer künstlerischen Aktion.

verschiedenste Hobbys finden hier ihren Ort, städtische Subkulturen nutzen den Raum. Und wenn auf den Geländen noch gebrauchsfähige Gebäude vorhanden sind, dann siedeln sich möglicherweise kleinere Betriebe aus den Grauzonen der gewerblichen Wirtschaft an.

Das alles ist nicht neu. Und dennoch hat sich viel geändert: Früher entstanden auf diese Weise aus der Sicht vieler Stadtbewohner „Unorte" und „Schmuddelecken". Inzwischen sehen nicht wenige in den Räumen und Zeiten des Unbestimmten große Potenziale: Schon in den 1970er Jahren war es Verdienst einer sozialorientierten Freiraumplanung, auf die Bedeutung dieser Räume etwa als Spiel- und Streifräume hinzuweisen. Heute wird auch der ästhetische Reiz der rauen Umgebungen wahrgenommen. Zudem haben findige Veranstalter entdeckt, dass sich mit „Stadtstränden", Events und anderen zeitweiligen Nutzungen dieser Räume Geld verdienen lässt.

Und es ist nur konsequent, dass es mittlerweile „Zwischennutzungsagenturen" gibt, die bei der Suche nach Flächen helfen oder Grundstücke kostengünstig anbieten.

Strategien: Möglichkeitsräume eröffnen

In den Konzepten der Fachleute nimmt das Thema Zwischennutzung mittlerweile eine wichtige Rolle ein. Es wurde erkannt, dass manche bauliche Absicht lange Zeit bis zur Umsetzung braucht und in der Zwischenzeit auf den Grundstücken Spielräume geschaffen werden können. Und die Erfahrungen mit dem „Schrumpfen" von Städten machten deutlich, dass oft auf unabsehbare Zeit und für wenig Geld Räume Gestalt und Nutzung finden müssen.

Als strategischer Baustein für die Stadtentwicklung bot die Entdeckung der Zwischennutzung neue Perspektiven. Dazu zwei Beispiele aus den „Anfangsjahren":

- „Öffnet die Räume" war eine Losung unter Fachleuten, als sie die Bedeutung der brachfallenden Industrieareale erkannten: Lange bevor man wissen konnte, was mit dem jeweiligen Gelände geschehen wird, sollten die Menschen aus der Umgebung Gelegenheit haben, den Wert dieser Flächen zu entdecken.

- Als in den 1990er Jahren eine Bundesgartenschau auf dem Gelände einer ehemaligen Zeche in Gelsenkirchen vorbereitet wurde, erregte allein dies besondere Aufmerksamkeit. In das Ausstellungsgelände einbezogen war jedoch auch der für ein Großkraftwerk vorgesehene Landschaftsraum. Dessen temporäre Nutzung machte deutlich, welche Qualitäten hier verloren gingen, wenn denn das Kraftwerk wirklich gebaut würde.

In den folgenden Jahrzehnten wurde mit vergleichbaren Aktivitäten vielerorts vorgeführt, welche Möglichkeiten Räume bieten, die bislang kaum oder einseitig wahrgenommen wurden. Dieses Eröffnen von „Möglichkeitsräumen" wurde so zu einer zentralen Funktion von Zwischennutzungen und ließ sie in vielen Städten und Regionen zu Bausteinen in Freiraum- und Stadtentwicklungsprozessen werden.

Solche Strategien werden auf unterschiedliche Weise entwickelt: mal „bottom-up", mal „subversiv", mal „offensiv" – als Element einer Stabilisierungs- oder Erneuerungsstrategie.

Spannungsfelder: Widerstände und Verständigungsmöglichkeiten

In unserer Gesellschaft wird die Bodennutzung (innerhalb öffentlicher Rahmensetzungen) über den Markt geregelt. Daher ist das Ausbleiben wirtschaftlich tragfähiger Folgenutzungen ein Mangel, den die Grundstücksinhaber zu beseitigen trachten. Jeder Tag der „Mindernutzung" bedeutet Finanzierungskosten oder entgangene Gewinne. Zudem könnten Folgenutzungen durch neue Sachzwänge oder durch öffentlichen Widerstand gefährdet werden. Ebenso können offene Haftungsfragen die Eigentümer davon abhalten, ihre Grundstücke für Zwischennutzungen freizugeben.

Auch städtische Verwaltungen haben da ihre Schwierigkeiten. Ungeklärte Zuständigkeiten spielen dabei ebenso eine Rolle wie komplizierte Rechts- und schwierige Finanzierungsfragen.

Und nicht zuletzt können die Zwischennutzer selbst Probleme damit bekommen, wenn sie zu offensichtlich „instrumentalisiert" und zu Vorreitern von Gentrifizierungsprozessen gemacht werden – wie etwa jüngst ein Manifest Hamburger Künstler zeigte.[1]

Aus diesen Interessenlagen resultieren Widerstände, die es nicht nur gelegentlich schwer machen, Zwischennutzungsideen in die Tat umzusetzen.

Aber die vielen Beispiele der letzten zwei Jahrzehnte zeugen auch davon, dass solche Widerstände überwunden werden können. Denn es gibt gute Argumente: Die „In-Wert-Setzung" der Fläche kann auch langfristig den Standort aufwerten. Sofern man die Zwischennutzer auf diesem Wege „mitnehmen" kann, ist das für alle Seiten ein Gewinn. Zudem werden die Eigentümer von lästigen Sicherungs- und Pflegepflichten befreit. Auch entwickeln die ästhetischen Reize, die vor allem viele der jüngeren temporären Projekte aufweisen, ihre eigene Überzeugungskraft. Und nicht zuletzt gibt es rechtliche Regelungen, mit denen temporäre Inanspruchnahmen sinnvoll gestaltet werden können. Wie das in konkreten Beispielen aussehen kann, soll abschließend kurz skizziert werden.

Beispielsweise

Um eine Nutzung brachliegender Flächen in privatem Eigentum zu ermöglichen, ohne langfristige Entwicklungsmöglichkeiten zu behindern, nutzt die Stadt Leipzig seit 1999 das Instrument der Gestattungsvereinbarung. Die Gestattungsvereinbarung ist mittlerweile zu einem Kerninstrument des Stadtumbaus in Leipzig geworden, das in vielen Fällen zudem erheblich flexibler ist als das langwierige Verfahren eines Bebauungsplans. Mit diesem Instrument wird das durch Rückbau und Leerstand entstandene Überangebot an Flächen als Potenzial zur Herstellung von Grün- und Freiflächen genutzt und darüber hinaus die städtische Innenentwicklung gestärkt. Damit werden durch mehr Grünflächen, weniger Dichte und eine verbesserte Freiraumqualität vorhandene Wohnstandorte konsolidiert.

Ein Beispiel hierfür ist das „Schlüsselloch", ein Bürgergarten in Leipzig-Neustadt. Mitte der 1990er Jahre entstand nach Abriss von maroden gründerzeitlichen Gebäuden eine unschöne Brache gegenüber der Neustädter Kirche. Auf Initiative des ansässigen Bürgervereins Neustädter Markt e. V. wurde in enger Kooperation mit dem Amt für Stadterneuerung ein Konzept erarbeitet, das unter anderem die Errichtung von „Stadthäusern" vorsah. Der

---

1. __ Vgl. „Die Zeit" vom 5. November 2009, S. 43.

05__Auf einer Brachfläche wurde für zwei Tage eine Freiluft-
bibliothek errichtet. Daraus hat sich das Lesezeichen, eine
Bürgerbibliothek, entwickelt. Karo Architekten, Architektur+
Netzwerk.

06__Auf einem grünen Kunstrasen wurde in Euskirchen die
studentische Aktion „Grüner wird's nicht!" eingeweiht. Der
Bürgermeister würdigte die temporäre Platzgestaltung.

Standort erwies sich jedoch als nur schwer
vermarktbar, so dass man sich entschloss, nur
ausgewählte Parzellen zu beplanen und die
anderen als jeweils autarke öffentlich nutzbare
Freiraumbereiche zu entwickeln. Bei einsetzender
Nachfrage ist eine parzellenweise Wiederbebau-
ung möglich, ohne dass der verbleibende Bürgergarten unbenutzbar würde. Möglich wird diese
Gestaltung durch einen öffentlich-rechtlichen Ver-
trag zwischen der Stadt Leipzig und den privaten
Einzeleigentümern. Die im Rahmen des Vertrags
getroffene Gestattungsvereinbarung verpflichtet
den Eigentümer, für 15 Jahre eine öffentliche Nutzung auf dem Grundstück zu dulden. Allerdings
kann die Vereinbarung bei vorzeitiger Nachfrage
auch vor Ablauf dieser Frist jederzeit aufgelöst
werden. Ob und wann eine Nachfrage entsteht,
ist aber ungewiss.

Die möglichen Grundstücksnutzungen sind
auf Nutzungen im öffentlichen Interesse beschränkt. Die Parzellen werden für den festgeleg-
ten Zeitraum öffentlich gewidmet. Im Gegenzug
erhält der Eigentümer eine bis zu hundertprozen-
tige Förderung der Abriss- und Gestaltungsmaßnahmen samt Baunebenkosten; zudem werden
ihm die Grundsteuer und die Kosten für Regen-
wasserrückführung erlassen. Ein bestehendes
Baurecht bleibt von den getroffenen Regelungen
unbeeinträchtigt.

Dieses Beispiel illustriert die Vorreiterrolle, die
Leipzig für die konsequente Anwendung von Zwi-
schennutzungen als Baustein der Quartiers- und
Stadtentwicklung übernommen hat.

Welche Spielräume – jenseits von Verträgen –
für informelle Regelungen bestehen können,
zeigt ein Beispiel aus Euskirchen: In der Mittel-
stadt in der Nordeifel steht die Sanierung eines
von baulichen Mängeln und Kumulation sozialer
Problemlagen geprägten Stadtteils bevor. Im
Laufe der nächsten zehn Jahre werden unter
anderem bauliche Missstände behoben und die
öffentlichen Räume neu gestaltet. Die Planungen
hierzu sind Ende 2009 noch nicht abgeschlossen, aber Ziele und Rahmenkonzeptionen stehen
bereits fest. Um die Bevölkerung frühzeitig für
in den nächsten Jahren anstehende Verände-
rungsprozesse zu sensibilisieren, haben die von
der Stadt beauftragten Planer den Lehrstuhl für
Planungstheorie der RWTH Aachen gebeten,
eine studentische Aktion im öffentlichen Raum
durchzuführen. Ziel war es, mögliche zukünftige
Maßnahmen – etwa Begrünungen, Aufwertungen
und Neustrukturierungen – im Stadtraum symbolisch vorwegzunehmen und Ansätze für erste
Ideen einer möglichen Gestaltung aufzuzeigen.
Das von den Studierenden entwickelte Konzept
sah vor, einen in die Jahre gekommenen zentralen
Platz im Viertel für einen Tag im Sommer 2009 mit
Kunstrasen auszulegen. Die mit einfachen Mitteln
hergestellte neue Optik und Haptik machte den
unscheinbaren Platz mit einem Mal zu einem
regelrechten Highlight im Quartier.

Die temporäre Gestaltung war von so überra-
schendem Reiz, dass ein ansässiger Gastronom
den zur Eröffnung der Aktion anwesenden Bürgermeister um die Erlaubnis bat, den Kunstrasen

für einen längeren Zeitraum liegenzulassen. Die Begeisterung für die Qualität der improvisierten Umgestaltung ermöglichte es, übliche Genehmigungsprozesse drastisch abzukürzen. Der Kunstrasen durfte bleiben – sofern der Gastronom die Sicherung der Teppichbahnen gewährleisten und dann auch die Entsorgung übernehmen würde. So zeigte der kleine Stadtplatz nicht nur einen Tag, sondern den ganzen Sommer lang, welche Potenziale in ihm stecken.

Während also in Leipzig deutlich wird, wie mit einem Instrument der Stadtentwicklung – der Gestattungsvereinbarung – gezielt befristete Raumnutzungen und Gestaltungen veranlasst werden, ohne dass bekannt wäre, was eigentlich „danach" kommt, lotet das Euskirchener Beispiel das andere Ende des Spektrums temporärer Nutzungen und Gestaltungen aus: Hier entstand im Rahmen eines informellen Prozesses eine geradezu spontane, punktuelle temporäre Raumgestaltung. Diese diente der Kommunikation und Einstimmung auf einen längerfristig wirkenden Sanierungsprozess, dessen Ziele, grundsätzliche Maßnahmen und Umsetzungsphasen bereits feststanden.

Vom Sonderfall zum Baustein der Stadt- und Quartiersentwicklung

Temporäre Nutzungen von Freiräumen können erheblichen Nutzen stiften – sie helfen, akute Probleme zu mindern, bieten lokalen Initiativen Raum, machen auf verborgene Potenziale aufmerksam und lassen sich strategisch für langfristige Umsteuerungen einsetzen. Nicht überall hat sich diese Erkenntnis durchgesetzt. Aber es liegt auf der Hand, dass insbesondere dort, wo nicht unmittelbar über den Markt Folgenutzungen auf die frei werdenden Grundstücke drängen, die Suche nach vorläufigen Nutzungen besondere Bedeutung gewinnt.

Allerdings sind Zwischennutzungen nicht immer einfach in Gang zu setzen: Im Spannungsfeld von Eigentumsrechten, ökonomischen Zwängen, lokalen Interessen und bürokratischen Hemmnissen können auch wichtige Projekte zerrieben werden. Zugleich müssen auch die Fachleute lernen, „auf Zeit zu spielen" und offene Prozesse zu gestalten. Es ist in diesem Zusammenhang von „Open-source-Urbanismus" gesprochen worden. Diese Analogie zu Computeranwendungen, deren Quellcode offengelegt wird, so dass viele Programmierer unabhängig voneinander an der Weiterentwicklung der Programme mitwirken können, trifft sehr gut die Realität von Stadtentwicklungsprozessen – und auch die der Zwischennutzung: Viele Akteure wirken, oft unabhängig voneinander, an deren Entwicklung mit. Für konkrete Vorhaben sind jedoch auch Verständigungsprozesse und Kooperationen vonnöten.

Beides, die Vielfalt der Akteure und das Temporäre der Produkte, bedeutet für manche Fachleute des Planens und Gestaltens noch eine ungewohnte Herausforderung. Versteht man aber Baukultur als „das Gespräch einer Gesellschaft mit sich selbst darüber, in welchen Städten sie leben will" (Peter Conradi), dann müssen sie sich dieser Aufgabe stellen – und gerade die Zwischennutzungen bieten hierzu interessante Anlässe und Gelegenheiten.

Die Praxis zeigt, dass dies gelingen kann und Zwischennutzungen zu alltäglichen Bausteinen der Stadt- und Quartiersentwicklung werden können.

Weiterführende Literatur:

Antje Havemann, Margit Schild: „Flüchtige Mode oder erhellende Experimente? Gedanken zur Nachhaltigkeit temporärer Projekte", in: Stadt und Grün. Heft 9, 2006, S. 20 – 23.
Doris Gstach: „Zur Attraktivität temporärer Freiräume", in: Stadt und Grün. Heft 2, 2007, S. 26 ff.
Doris Gstach, Margit Schild: „Faktor Zeit: Temporäre Landschaftsarchitektur", in: BDLA (Hrsg.): Übergänge. Zeitgenössische deutsche Landschaftsarchitektur. Basel, 2007, S. 124 – 133.
Ulrich Berding, Antje Havemann, Juliane Pegels: Stadträume in Spannungsfeldern. Detmold, 2010.
Ulrich Berding, Antje Havemann, Juliane Pegels, Bettina Perenthaler: STARS Materialien Teil 02. Die Fallstudien – Ergebnisse aus Leipzig, Hannover und Aachen.
http://www.pt.rwth-aachen.de/images/stories/pt/dokumente/forschung/stars/stars_materialien_2.pdf
http://www.stadtbaukultur-nrw.de/wettbewerbe/temporaereStadt.html
http://www.vimeo.com/videos/search:moving%20data
http://www.zwischennutzung.net/

Lisa Diedrich

Global wahrnehmen, europäisch denken, lokal handeln
Internationale Freiraumkultur

01__Europäische Landschaftsarchitektur leitet Formen und Funktionen aus der Kulturlandschaft ab, wie hier die Stadterweiterung Cap Roig im katalanischen L'Ampolla aus den Oliventerrassen.

Deutschland gehört innerhalb Europas zu den Ländern mit langer Tradition in der Landschaftsarchitektur. Pioniere der Profession wie Sckell und Lenné haben in den vergangenen Jahrhunderten das Ideal des Landschaftsgartens aus England nach Deutschland geholt. Die Volksgarten-Idee Leberecht Migges fand Anfang des 20. Jahrhunderts von Deutschland aus Anhänger in der ganzen Welt. Landschaft, verstanden als unsere gesamte gebaute Umwelt einschließlich der urban geprägten Räume, ist ein lebendiges europäisches Kulturgut. Aus Frankreich drang mit dem Wettbewerb für den Parc de la Villette 1982 die Erkenntnis in die Nachbarländer, den Stadtpark als Baustein in der Stadtplanung zu verankern. Die Stadtentwicklung Barcelonas im Vorfeld der Olympischen Spiele von 1992 lehrte Europa, die Stadt als ausbalanciertes System aus Gebäuden und Freiräumen zu verstehen, wobei Letztere strategisch durchaus wirkungsvoller für das Image einer Stadt sein können als Erstere. Die IBA Emscher Park strahlte wiederum von Deutschland aus nach Europa, als Modell für die Entwicklung ganzer Stadtregionen nach landschaftsarchitektonischen Leitbildern und für eine interdisziplinäre und interkommunale Planungskultur, die strategische Planung über realisierte Projekte in Architektur, Städtebau und Landschaftsarchitektur erlebbar werden lässt. Das Bauen überschreitet Grenzen – zwischen den Disziplinen und zwischen den Ländern.

Das ist heute aktueller denn je. Jüngst ausgezeichnet[1] wurde das Projekt der deutsch-belgisch-niederländischen „Grünmetropole", das aus einer interdisziplinären Konkurrenz 2004 hervorging und heute Leitbild und Bauplan liefert für eine alternative „Metropole" in der Dreiländerregion Aachen, Belgisch und Niederländisch Limburg: weniger dicht als die klassische europäische Metropole, mit mehr Freiräumen, mit drei verschiedenen Kulturen, aber mit einer gemeinsamen Geschichte, dem Bergbau, und mit einem gemeinsamen landschaftlichen Fundament, einem großen unterirdischen Kohlekörper. Dieser war einst Auslöser der heute sichtbaren Kulturlandschaft, einer Art „Ruhrgebiet light", aus der das Team um Henri Bava die Vektoren zur Entwicklung einer gemeinsamen Identität ableitete.

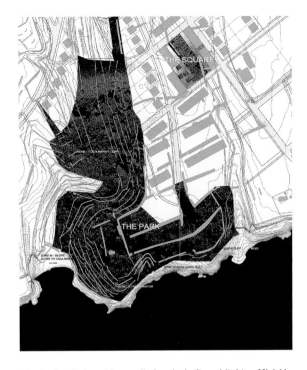

02__ In Cap Roig schlagen die Landschaftsarchitekten Michèle & Miquel einen Stadtplan vor, der sich an der Terrassenstruktur der Küste orientiert, als Mittelpunkt einen Platz und als Rahmen einen Park am Hang vorsieht und die Neubauten in die bestehende Topografie und Vegetation einfügt.

Die Wettbewerbsaufgabe war insofern interessant, als die Auslober interdisziplinäre Teams um Ideen für die Zukunft der Region baten, jeweils unter verschiedener Leitung aus der Architektur, dem Städtebau, der Landschaftsarchitektur, der Kunst, der Touristik. Damit entstanden auch unterschiedliche Visionen für diese „Zwischenstadt", deren Typus allerorten in Europa zu finden ist und deren Organisation zu den heute brennendsten Planungsaufgaben zählt. Der Gewinnerentwurf des Teams[2] um den Landschaftsarchitekten Henri Bava vom deutsch-französischen Büro Agence Ter zeigt deutlich, welche Schätze mit einer landschaftsarchitektonischen Herangehensweise gehoben werden können: Ihre „Grünmetropole" zeichnet den Umgriff des Kohlekörpers auf der Erdoberfläche nach und gibt der bislang anonymen Agglomeration einen Namen. Sie fädelt bestehende Orte und Entwicklungsprojekte auf einer „Metropolroute" auf, die Sinnzusammenhänge und Adressen schafft, und sie erschließt bestehende Naturräume und Freiraumprojekte

1. __ Städtebaupreis der Deutschen Akademie für Stadt- und Landesplanung 2006, siebter Europäischer Stadt- und Regionalplanungs-Preis des Europäischen Raumplaner-Rates 2008.

2. __ Henri Bava/Agence Ter (Federführung), Erik Behrens, Steven Craig, Alex Wall.

03__Das Wachstum des Miscanthus formt die „Neuen Gärten" auf dem Dycker Feld bei Neuss in jeder Saison anders. Die Jung-
pflanzen schießen mannshoch auf und formulieren Räume. Nach der Ernte erscheint der Park wieder als flache Ebene.

mit einer „Grünroute", die grenzüberschreitende Erlebnisse und ökologische Kontinuität entstehen lässt. Das Team liefert keine fertigen Stadt- oder Freiraumentwürfe, sondern eine Art genetischen Code der Region, eine urbane DNA, ein System, das den Raum für physische Entwürfe erst schafft. Auf der Ebene der strategischen Planung feilen Landschaftsarchitekten heute zunehmend an Konzepten, für die Thomas Sieverts mit seiner „Zwischenstadt" Ende der 1990er Jahre das Fundament gelegt hat. Letzterer selbst neigt inzwischen zu einer Auslegung der Zwischenstadt als „Stadtlandschaft",[3] denn die typischen Formen und Räume der Zwischenstadt sind seiner Meinung nach viel besser mit den topologisch definierten Merkmalen von Landschaft erfassbar als mit der euklidischen Geometrie der klassischen Stadt. Der evolutionäre Charakter der Zwischenstadt, so Sieverts, entstand aus unzähligen, jeweils für sich rationalen und geplanten Einzelentscheidungen, die keine Gesamtplanung je zu einem geschlossenen Ganzen koordinieren wird. Dies zeigt Verwandtschaft mit der Entstehung der Landschaft aus Prozessen der natürlichen Evolution und menschlicher Eingriffe.

Europa stellt sich bei dieser Betrachtung als Aktionsfeld heraus, innerhalb dessen Ideen leichter adaptiert werden als über die kontinentalen Grenzen hinaus, nicht nur weil hier die geographischen Distanzen geringer sind und das Bauen „nebenan" ermöglichen, sondern weil innerhalb

Europas das soziale und kulturelle Selbstverständnis, die Gesetzgebungen und Wirtschaftsformen ähnlich sind und zunehmend aufeinander abgestimmt werden. Besonders das öffentliche Bauen hat heute in Europa einen anderen Wert und andere Qualität als in Kontinenten merkantilistischer Prägung; exemplarisch seien hier die USA und Nordamerika genannt, deren stark privatwirtschaftlich organisierte Gesellschaftsformen sich auch in weiten Teilen Südamerikas wiederfinden lassen, sowie im ebenfalls angelsächsisch geprägten Australien und im wirtschaftlich aufstrebenden asiatischen Raum. Überall in Europa spielt der öffentliche Freiraum innerhalb des öffentlichen Bauens eine herausragende Rolle – wohlgemerkt als öffentlicher Grund und Boden, öffentlich gebaut und von allen genutzt. Landschaftsarchitektur und Freiraumplanung gehen dagegen mit einer bewussten öffentlichen Bauherrschaft einher. Deutschlands (bau-) kultureller Horizont ist Europa, insbesondere im globalen Kontext.

Wie sieht der globale Kontext des Bauens aus? Allzu oft dominieren kommerzielle Interessen in Architektur, Städtebau und Landschaftsarchitektur. Allzu oft entsteht Städtebau als „Instant-Planung" und Architektur als Objektschau. Auch die Landschaftsarchitektur folgt dann auf dem Fuße – betrachtet man aktuelle Neubauviertel, so ist kaum erkennbar, ob die Quartiere in Kuala Lumpur, Mumbai, Doha, Rabat oder São Paolo

3. __ Thomas Sieverts: „Landschaft löst die Unschärfe der Zwischenstadt", in: Lisa Diedrich (Hrsg.): Territories – Die Stadt aus der Landschaft entwickeln. Basel, Boston, Berlin 2009.

04__Der Park fügt sich mit seiner Geometrie ins umliegende Ackerland ein und wird ackerbaulich genutzt. Landschaftsarchitekt Stephan Lenzen vom Büro RMP pflanzte Miscanthus auf die Parzellen des Parks, welcher geerntet und vermarktet wird.

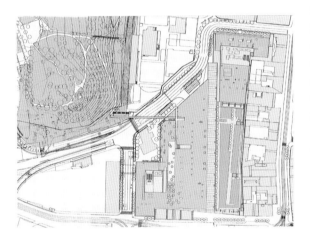

05__Die Atmosphäre der Kulturlandschaft ist für europäische Landschaftsarchitekten ein Wert, der auch in der Stadt seine Ausprägung findet. Ein Beispiel ist der Dachgarten des neuen Einkaufszentrums Nový Smíchov in Prag.

06__Die Obsthänge der umliegenden Hügel erhalten mit der Gestaltung des Dachgartens auf dem Einkaufszentrum eine Verlängerung bis in die Stadt hinein. Den dichten Stadtteil Smíchov bereichern die Landschaftsarchitekten D3A spol s.r.o. um wertvolle Freiräume mit Bezug zur Kulturlandschaft.

angelegt wurden. Es ist schlimm, wenn Freiraumstruktur, Formensprache, Materialien und Vegetation die Eigenheiten des Ortes ebenso ignorieren wie die Arten- und Pflanzenvielfalt der Region, den Bezug zum Klima und das Einfügen in die naturräumlichen Prozesse. Die Gestaltung folgt dann Klischees: Vom subtropischen Queensland bis ins aride Texas rahmt dieselbe englische Parklandschaft die Wohnanlagen, derselbe geschnittene Buchs die Bürotürme, dieselben Wasserspiele die Eingänge zu den Shopping Malls. Vor dem Hintergrund dieses globalen Einerlei steht die europäische Landschaftsarchitektur – im Zusammenspiel mit Architektur und Städtebau – als Modell für eine klimatisch angepasste, ressourcenökonomische und vom Ort inspirierte Baukultur.

Das ist die Sicht von außen. Im Innenverhältnis ließe sich die Frage neu stellen: Gibt es ein Mekka der europäischen Landschaftsarchitektur? Sicherlich nicht nur eins. Deutlich zeichnen sich auf der Landkarte einige „geographische Hotspots" ab, und im Panorama der Profession einige herausragende Gestaltungshaltungen. Ein gemeinsames Werteverständnis entwickelt sich seit den 1980er Jahren, inklusive der zugehörigen Institutionen wie der europäische Dachverband der Landschaftsarchitekten European Foundation for Landscape Architecture (EFLA). Er stützt, so der bisherige Präsident Fritz Auweck, die Entwicklung einer gemeinsamen Landschaftsarchitektur, die geprägt ist durch kulturelle Vielfalt und eine gemeinsame Haltung in der Auseinandersetzung mit der Kulturgeschichte Europas, mit seinen Kulturlandschaften und der damit verbundenen Landnutzung, mit der Nachhaltigkeit von Planung und nicht zuletzt mit dem philosophischen Hintergrund Europas. Wie Europas Landschaftsarchitekten dieses Verständnis in physische Realität übersetzen, blieb lange unbekannt, weil die gemeinsame Kommunikationsplattform fehlte. Baukultur entsteht aus der Diskussion, und in der globalen Gesellschaft findet diese Diskussion auf vielen verschiedenen Kanälen statt. Der europäische Dachverband der Landschaftsarchitekten wünschte sich deshalb eine repräsentative Publikation, um mit einer Stimme sagen zu können: Das sind wir, das ist unser gebautes Œuvre, das

07__In Europa Freiraum gestalten heißt, mit vielschichtigen geografischen und historischen Strukturen zu arbeiten, etwa der gewachsenen Stadtstruktur von Coimbra und den Wasserständen des Mondego-Flusses. Anstatt diese Strukturen mit neuem Design zu überdecken, wird die Gestaltung in alle Prozesse des Ortes eingefügt.

ist europäische Freiraum-Baukultur. Dazu bräuchte es ein europäisches Buch, das mehr ist als ein Buch, meinte der langjährige niederländische EFLA-Delegierte Michael van Gessel und initiierte zu Beginn des Jahrtausends mit Kollegen aus ganz Europa die Gründung der Stiftung Landscape Architecture Europe (LAE),[4] die im dreijährigen Turnus Experten aus ganz Europa zum Diskurs lädt und aus den Ergebnissen ein Jahrbuch der zeitgenössischen europäischen Landschaftsarchitektur erarbeitet. Im Konsens wählen die Fachleute die besten zeitgenössischen Projekte aus und diskutieren die Praxis ihrer Profession. Ziel ist es, mit wachsender Anzahl teilnehmender Experten und herausgegebener Bücher[5] eine europäische Bewegung entstehen zu lassen, die sich für unsere gebaute Umwelt einsetzt.

Europäische Haltung zu Ort und Raum

Landschaftsarchitekten in Europa gestalten heute hauptsächlich Stadt, lassen Freiraum „Stadt finden", tun dies aber mit einer spezifisch europäischen Sensibilität für das Land, auf dem Stadt entsteht. Nicht auf unberührtem Boden entwickeln Europäer ihre Städte, sondern auf altem Agrarland, das seine Spuren auf der Erdoberfläche genauso hinterlassen hat wie in den Gesetzestexten und in den Köpfen der Menschen. In Europa wird Land seit Jahrtausenden von Menschenhand gestaltet – durch Ackerbau, Weidewirtschaft, Straßenbau, Stadtanlagen und daraus resultierendes Brauchtum. „Fieldwork" eben, wie auch der Titel des ersten gesamteuropäischen Überblicks zur Landschaftsarchitektur lautete. Mit den Kompetenzen der Landschaftsarchitekten lassen sich die europäischen Kultur-Landschaften und die ihnen innewohnenden Städte um einiges besser zu identifizierbaren, Ressourcen schonenden und widerstandsfähigen Stadt-Landschaften entwickeln. In Europa arbeiten wir auf dem Feld und mit dem Feld. Diesen Ansatz illustrieren Projekte wie die Stadterweiterung Cap Roig im katalanischen L'Ampolla,[6] wo die Struktur und der Baumbestand alter Oliventerrassen den Bauplan des neuen Stadtviertels vorzeichnen, oder die neuen Gärten auf dem Dycker Feld bei Neuss,[7] in denen Chinaschilf sowohl als Agrarprodukt angebaut als auch zur Raumbildung des Parks eingesetzt wird. Schließlich finden sich im Prager Stadtviertel Smíchov, einem innerstädtischen Stadtumbau-Projekt, Vegetation und Atmosphäre der nahen Obsthänge wieder, als Garten angelegt auf dem Dach eines neuen Shopping Centers.[8]

Eine weitere wichtige Übereinstimmung besteht in der europäischen Haltung gegenüber dem Ort. In Europa entsteht die Inspiration für neue Funktionen und Formen in erster Linie aus

4. __ Board of LAE-Foundation: Meto Vroom (Vorsitzender), Wageningen (NL); Annalisa Maniglio Calcagno, Genoa (I); Isabel Figueras Ponsa, Barcelona (E); Joseph de Gryse, Brüssel (B); Robert Holden, London (GB).
5. __ Bisher sind zwei Bände erschienen. Fieldwork: Birkhäuser Verlag (englisch und deutsch), Editions infolio (französisch), Thoth (niederländisch); On Site: Birkhäuser Verlag (englisch und deutsch), Actes Sud (französisch), Blauwdruk (niederländisch), Gustavo Gili (spanisch).

6. __ Michèle & Miquel architectes & paisatgistes.
7. __ RMP Landschaftsarchitekten.
8. __ D3A spol. s.r.o.

08__Europäische Landschaftsarchitektur, entwickelt sich aus den Eigenheiten des Ortes, löst viele Probleme auf einen Streich, wie der Entwurf für den Westeingang des Mondego-Parks in Coimbra (Büro Proap). Der Park bietet zugleich Freiraum am Fuße der dichten Altstadt, deicht archäologische Grabungsstätten ein und stellt bei Überschwemmungen ein Retentionsbecken dar.

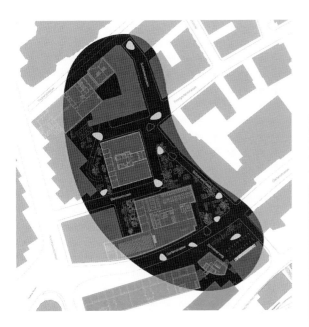

09__Mit einem Belag aus rotem Gummigranulat verleihen die Künstlerin Pipilotti Rist und der Architekt Carlos Martinez den Freiräumen um die Bürohäuser Zusammengehörigkeit und eine einheitliche, erstaunliche Ausstrahlung.

10__Im Raiffeisenareal in Sankt Gallen wird Künstlichkeit zur Kunst, der Ort ein Kunst-Ort, der Freiraum eine rote Bodenskulptur.

11__Jeder Rastplatz erschließt mit Treppen und Sitzgruppen die norwegische Naturlandschaft. Die strengen Formen bilden Kontraste, die Farben fügen sich ein, wie hier am Rastplatz in Hellaga, Helgeland, an der Route R17.

dem spezifischen Ort und der Sensibilität des Landschaftsarchitekten für die dem Ort innewohnenden geografischen und historischen Eigenarten und Prozesse. In Europa wird dem Ort keine Aufgabe und Gestaltung aufgedrückt, sondern beides lässt sich aus ihm entwickeln. Die europäische Landschaft ist ein kleiner, vielfältiger, dicht bebauter und domestizierter Raum, der sich mit landschaftsarchitektonischem Genie weiterentwickeln lässt. Einen gemeinsamen Stil wird die europäische Landschaftsarchitektur nicht hervorbringen, denn die europäische Kultur ist wechselvoll, beinahe unüberschaubar. Genau aus dieser Vielfalt aber entsteht ihre Stärke, sich der Einförmigkeit zu widersetzen. Für die Landschaftsarchitektur steht somit ein gemeinsamer europäischer Wert an erster Stelle: der Respekt vor dem Ort und, daraus resultierend, die Neugierde auf seine Besonderheiten. Landschaftsarchitekten entwerfen vor Ort und mit dem Ort.

Wie ortsbezogenes Entwerfen aussehen kann, zeigen insbesondere Projekte wie der Westeingang des Mondego-Parks[9] am Ufer des Mondego-Flusses in Coimbra, der seine Struktur aus Fluss und Stadt ableitet und sich sensibel in beide Systeme einfügt, als funktionales Retentionsbecken für die Hochwasserereignisse des Flusses einerseits, als großzügiger Aktionsraum

am Fuße der engen Altstadt andererseits. Im europäischen Jahrbuch „On Site" werden weitere solcher Projekte vorgestellt: Die norwegische Touristenroute[10] lässt sich als Verbeugung vor der dramatischen Naturlandschaft an der Atlantikküste lesen, denn jeder Park- und Picknickplatz öffnet sich, minimalistisch gestaltet, als Tribüne dem Schauspiel der Elemente. Im St.-Gallener Raiffeisenareal[11] hingegen, einem Bürodistrikt ohne irgendeine Spur von Natur, hundertfach versiegelt und überbaut, zeichnet ein rotes Gummi-Coating als Bodenbelag den künstlichen Charakter dieses Ortes mit Verve und einer Portion Humor nach.

Es fällt auf, dass die meisten europäischen Projekte im urbanen Raum entstehen. Die am meisten überzeugenden Objektplanungen stehen im Zusammenhang mit stadtplanerischen Strategien, die auf Freiraum setzen. Das ist nicht neu, wird aber manchmal vergessen: Europas Städtebau gründet zu einem guten Teil auf landschaftsarchitektonischer Erfindungsgabe. Die kann sich nur entfalten, wenn sie in strategische Pläne einfließt. Schlagendes Beispiel für clevere Strategien mit landschaftsarchitektonischer Orientierung ist Bordeaux,[12] wo das viel gelobte Kernstück der Uferneugestaltung, der Miroir d'Eau,[13] lediglich der Schlussstein eines umfassenden städtischen Nahverkehrs- und Sanierungspro-

9. __ PROAP.
10. __ Inge Dahlman Landskapsfabrikken.
11. __ Pipilotti Rist, Carlos Martinez Architects.

12. __ Initiative des Bürgermeisters Alain Juppé mit Stadtverwaltung Bordeaux, Nachbarschaftsverband Region Bordeaux, externen Beratern wie Michel Desvigne, Bruno Fortier usw.

jekts ist, in dessen Zuge die Ufer der Garonne von Hafenbauten und Autoströmen befreit und zur neuen Kulturmeile der Stadt wurden. Das Nahverkehrsprojekt ist nicht das Ziel, sondern das Vehikel der Vision von einer Stadt mit einem landschaftlichen Zentrum, dem Fluss, an dessen Ufern das städtische Leben seinen Höhepunkt findet. Dazu braucht es Raum, Freiraum, und der entsteht nur durch strategisches Handeln nach der Logik der Landschaft. Von einer solchen Form der landschaftsorientierten Stadtplanung können insbesondere die regional ausgedehnten Metropolen Europas profitieren. Wenn die Vektoren für ihre Entwicklung aus der Landschaft abgeleitet werden wie in der eingangs genannten Grünmetropole, lässt sich die Stadt in ihrem Landschaftsraum verwurzeln. Das zeigen auch Regionalentwicklungen wie die niederländische Deltametropool mit ihrem Freiraumsystem aus Retentionsräumen entlang der Flussarme und Polder des Rhein-Maas-Schelde-Deltas, aber auch städtische Freiraumentwicklungen für die Öffentlichkeit wie in Oslo entlang des ehemals industriell genutzten Aker-Flusses mit seinen Felskaskaden und wertvollem Baumbestand, oder in Barcelona entlang des zuvor rein gewerblich geprägten Küstenstreifens mit seinen Piers und Buchten zwischen Altem Hafen und Heizkraftwerk an der Besós-Mündung. Flüsse und Küsten, Polder und Piers sind einzigartige Landschaftsräume. Sie stellen Visionen und Begriffe für die urbane Entwicklung bereit, bewahren kulturelle Güter, stiften Identität, lassen sich sinnlich erfahren und inspirieren zu ökologisch und technisch intelligenten Lösungen. Global wahrnehmen, europäisch denken, lokal handeln! In der Diskussion um die nachhaltige Stadt sollte den strategischen Denkansätzen der europäischen Landschaftsarchitektur deutlich mehr Platz eingeräumt werden. Die kommunalen und regionalen Bauherren dafür gibt es in Deutschland. Auf bundespolitischer Ebene ließen sich Zeichen setzen, etwa durch die aktive Unterstützung der europäischen Landschaftskonvention,[14] die darauf abzielt, unsere gesamte gebaute Umwelt, inklusive der städtischen Räume, als Kulturlandschaft wahrzunehmen und zu entwickeln.

12__Entlang der norwegischen Touristenroute zollen die Landschaftsarchitekten Inge Dahlman/Landskapsfabrikken dem dramatischen Naturschauspiel der nördlichen Landschaft Respekt, indem sie die Autofahrer an ausgewählten Plätzen zur Rast einladen.

13. __ Michel Corajoud, Pierre Gangnet, Jean-Max Llorca.
14. __ European Landscape Convention, Gesetzestext und Unterzeichnerstaaten, siehe www.conventions.coe.int/Treaty

Positionen

Identität durch Freiraum

Auszüge aus
einem Podiumsgespräch
im Oktober 2009

01__Wie findet Freiraum Stadt? Podium in der Trinitatiskirche, Mannheim.

„Wie findet Freiraum Stadt?" – eine mehrdeutige Frage mit vielschichtigen und facettenreichen Antworten und zugleich der Titel der „Baukultur_vor_Ort"-Veranstaltung am 19. Oktober 2009 in Mannheim.

Die Bundesstiftung Baukultur lud zum Gespräch zwischen Bauherren, Planenden und der Stadtgesellschaft über den öffentlichen Raum in die Trinitatiskirche nach Mannheim ein. In diesem vom Architekten Helmut Striffler entworfenen und 1959 eingeweihten Sakralbau begrüßte Lothar Quast (Bürgermeister der Stadt Mannheim) zahlreiche Besucher. Besonders die Gäste von außerhalb waren von dem baulichen Rahmen der Diskussion schlicht beeindruckt. Die Kirchenarchitektur gab der Diskussion zum öffentlichen Raum eine ganz eigene Prägung.

Nach Einführungsvorträgen von Michael Braum (Vorstandsvorsitzender der Bundesstiftung Baukultur, Potsdam), Jens S. Dangschat (Stadtsoziologe, TU Wien) und Andrea Gebhard (Präsidentin des Bundes Deutscher Landschaftsarchitekten, München) diskutierten die Vortragenden mit Markus Neppl (ASTOC Architects & Planners, Köln), Klaus Elliger (Leiter des Fachbereichs Städtebau, Mannheim) und Wolffried Wenneis (Bürger der Stadt Mannheim): Was zeichnet die Identität und Atmosphäre der Stadt Mannheim aus? Wie können mit zeitgemäßen Strategien und Gestaltungskonzepten öffentliche Räume qualifiziert werden? Wie können Akteure in die komplexen Planungsprozesse aktiv eingebunden werden? Stadtrundgänge durch Mannheim sowie künstlerische Inszenierungen waren diesem Diskussionsabend vorausgegangen, so dass die Gäste und Teilnehmer auf einem gemeinsamen Fundus an Eindrücken aufbauen konnten.

Der öffentliche Raum, da waren sich alle Vertreter einig, ist das Grundgerüst unserer Städte. Die verschiedensten Gestaltungsepochen sind quer durch die Städte vertreten: von den ersten Marktplätzen der Stadtgründungen über prachtvolle Gärten des Barock, die Schmuckplätze des Jugendstils, die weiten Räume der funktionsgetrennten Nachkriegsmoderne bis hin zu alltäglichen Platzgestaltungen der Gegenwart. Vor allem Quartiersplätze, Straßen, Flussufer sowie Spiel- und Sportflächen sind jene Räume, die alltäglich von der Einwohnerschaft einer Stadt genutzt werden. Ihre Funktionen werden durch die Nutzung der Bürger definiert. Die Intensität der Aneignung in den alltäglichen Räumen, auch in jenen, die

02__Wolffried Wenneis, Bürger der Stadt Mannheim, und Markus Neppl, Architekt.

03__Jens S. Dangschat, Soziologe und Klaus Elliger, Leiter des Fachbereichs Städtebau in Mannheim.

04__Andrea Gebhard, Präsidentin des Bundes Deutscher Landschaftsarchitekten, und Michael Braum, Vorstandsvorsitzender der Bundesstiftung Baukultur und Moderator des Abends.

nicht aufwendig inszeniert sind, spiegelt den Wert dieser Räume wider. Der öffentliche Raum ist ein Ort der Integration und Repräsentation. Zu finden ist die Balance zwischen Integration und Inszenierung, zwischen Anpassung und kultureller Bereicherung, zwischen öffentlicher Verantwortung und privatem Engagement. Die Herausforderung bei der Gestaltung öffentlicher Räume ist es, jene Balance zwischen prägender Gestaltung und Offenheit zur Aneignung zu erzeugen. Dabei sind verschiedene Nutzungen und auftretende Nutzungskonflikte auszutarieren, so das Zwischenfazit einer ersten Diskussionsrunde.

05__„Baukultur_vor_Ort": Künstlerische Interventionen von
Coleümes zum Thema Raumaneignung an ausgewählten
Orten in Mannheim.

06__Während eines von Paul-Martin Lied, A-Z Architektouren,
geführten Spaziergangs fanden an beispielhaften Orten der
Baukultur in Mannheim Gespräche mit Architekten, beteiligten
Bürgern und Interessierten statt.

Identität schaffen durch Partizipation

Freiräume prägen in ihrer differenzierten Vielfalt
ganz entscheidend das Bild einer Stadt, da sich
an diesen Orten das städtische Leben abspielt.
„Freiräume sind das Zusammenspiel von Öffentlichkeit und Privatheit, Freiräume sind als Ausgangspunkt städtebaulicher Planung zu sehen
und Landschaft ist als öffentlicher Ort zu begrei-
fen." (Andrea Gebhard) Daher ist die Identifikation
mit dem gebauten Freiraum sehr wichtig. Lothar
Quast betonte: „Urbanität ist mit Orten des Zusammentreffens gleichzusetzen. Der öffentliche
Raum muss positiv besetzt werden." In Mannheim
wurde daher versucht, die Konflikte, die durch
verschiedene Interessen entstehen, zu lösen,
indem Planungsprozesse wie das Entwicklungskonzept Innenstadt EKI oder auch Planungen für
konkrete Orte wie den Alten Messplatz durch
Bürgerinitiativen begleitet wurden.

Eine intensive und aktive Bürgerbeteiligung
ist ein wichtiges Instrument der Planungs- und
Baukultur. In Mannheim war es vor allem wichtig,
so Markus Neppl, die Orte, um die es bei den
Planungen ging, zu verstehen, ihre Strukturen und
Nutzungen lesen zu lernen. Dies teilte auch
Andrea Gebhard: „Wenn wir uns mit einer Stadt
beschäftigen, dann kann das nur eine Stadt sein,
in der man länger ist, die man immer wieder
besucht und dann versucht, diese Stadt zu verstehen, um einen Entwurf entwickeln zu können."
„Ein guter Entwerfer oder eine gute Entwerferin
zeichnet sich dadurch aus, dass er/sie sich in die

Eigenart einer Stadt eindenken kann und dadurch
die Authentizität herausstellen kann, um eine
besondere Ausprägung der unterschiedlichen
öffentlichen Räume dieser Stadt hervorzubrin-
gen," so Jens S. Dangschat.

Er wies in diesem Zusammenhang auf das
sinnvolle Anfertigen einer Sozialraumanalyse
hin, um zu identifizieren, was die Anwohner für
Anforderungen an den öffentlichen Raum stellen, was für Nutzungen sie wollen. Es ist also
die Frage nach den Bedürfnissen der Nutzer zu
stellen, denn sich wandelnde Lebensabläufe der
Menschen ziehen veränderte Ansprüche an die
Umwelt nach sich.

Doch wie kann eine ergebnisorientierte
Diskussion mit den Bürgern erfolgreich umgesetzt werden? Welche Voraussetzungen sind
dafür notwendig? Als Antwort auf Michael
Braums Frage verwies Jens S. Dangschat auf
den Aspekt der sozialen Kompetenz, die unbe-
dingt erforderlich ist: „Soziale Kompetenz bedeutet, zuhören zu können. Soziale Kompetenz
bedeutet, sich auf Denkweisen anderer Menschen einzulassen und nicht das eigene Bild
vom richtigen Leben in den Vordergrund zu
stellen, sich selbst also zurücknehmen zu
können."

In Mannheim hat sich in den letzten Jahren
die Beteiligungskultur ins Positive verändert,
so Wolffried Wenneis. Das liegt unter anderem
daran, dass die Anwohner mittlerweile in Bürger-
informationsveranstaltungen ausgiebig über
die Situation der Stadt informiert werden und
sie sich somit eingebunden fühlen.

Freiraum als Ausgangspunkt städtebaulicher Planungen

Der öffentliche Raum schafft Identität und prägt in hohem Maße die Stadtkultur. Neue gesellschaftliche und ökonomische Einflüsse verlangen nach neuen Nutzungssystemen und somit nach neuen Stadtbildern. Planung muss dabei nach Aussage von Michael Braum sowohl prozessorientiert als auch dialogorientiert ablaufen: „Jede Stadt atmet eine eigene Atmosphäre. Über einen angemessenen Umgang mit den öffentlichen Räumen versuchen wir, die Identität und Atmosphäre einer Stadt aufzugreifen und zu fördern."

„Der Nutzungsdruck, unter dem der öffentliche Raum steht, ist ein wesentliches Thema, vor allem im Hinblick auf die Partizipation," so Klaus Elliger. Für ihn ist das Zurückerobern von Verkehrsraum für andere Nutzungen, durch die eine Stadt wieder erlebbar gemacht werden kann, eine der zentralen Aufgaben. Nach Ansicht von Jens S. Dangschat findet Öffentlichkeit in der Stadt zumeist ganz unbemerkt, ganz unaufgeregt und ganz ungeplant statt.

Wolffried Wenneis konstatierte, dass die Stadtplanung in den vergangenen Jahren politisch entmachtet worden ist. „Stadtplanung und Stadtarchitektur wurden den Investoren überlassen. Das ist ein Unheil. Jedoch besteht jetzt die Chance der Neubesinnung. Sowohl die Stadtpolitik im Gemeinderat als auch die Verwaltung sollten künftig eine Gestaltungs- und Planungsmacht zurückerobern."

Ausdruck findet dieses neue Verantwortungsbewusstsein einiger Städte in der Entwicklung von langfristigen Vorstellungen ihrer eigenen räumlichen und funktionalen Zukunft. Diese Leitbilder besitzen unterschiedliche Maßstäbe und kombinieren mehr und mehr die in den Verwaltungen getrennt bearbeiteten Sachbereiche in einem abgestimmten Gesamtentwicklungsplan. So werden gesamtstädtische, aber eben auch kleinräumige, quartiersbezogene Leitbilder erarbeitet. Die Maßstäblichkeit der Betrachtung der Freiräume spielt eine wichtige Rolle, sind sie doch ein Geflecht, das von der Stadt über die Vorstadt bis in die Region reicht. Es muss nach Meinung von Andrea Gebhard gelingen, das Interesse auf die Kulturlandschaft zu lenken, denn diese ist eine der wesentlichen „Überlebensgrundlagen" und daher als Allgemeingut zu erhalten. „Viel-

07__Aufwertung: Verbindungskanal im heterogenen Mannheimer Stadtviertel Jungbusch.

leicht kommen wir mit einem externen Blick ganz schnell darauf, dass nicht nur die öffentlichen Räume in der Innenstadt eine Rolle spielen, sondern dass die Verknüpfung der Innenstadt mit den äußeren öffentlichen Räumen das Problem ist", konstatiert Markus Neppl.

Die seit den 1980er Jahren vorliegenden Kenntnisse der Landschaftsplanung müssen noch stärker in die städtische und regionale Gesamtplanung einfließen, um nachhaltig lebenswerte Stadträume und deren sinnvolle Verknüpfung mit der Landschaft zu schaffen. Die Stadt muss mit ihren Räumen und Übergängen zur angrenzenden Landschaft als ganzheitliches System betrachtet werden. „Wenn wir es zulassen, nach Leitbildern zu rufen, die alle zehn Jahre das Gegenteil produzieren, dann haben wir aus der Entwicklung der letzten fünfzig bis sechzig Jahre nichts gelernt. Es ist ein schwieriger Weg, den wir gehen müssen, und wir müssen uns auf diesem Weg immer wieder motivieren," so Markus Neppl.

Andrea Gebhard, die auch Mitglied des Stiftungsrats ist, forderte: „Vielleicht gelingt es uns, dass wir über die Bundesstiftung Baukultur noch sehr viel stärker an die Bundesregierung herantreten können, so dass sich die nächsten Konjunkturprogramme nicht nur mit Wärmedämmung und Brückenbauten oder Straßen und Autobahnausbau beschäftigen, sondern dass vielleicht der öffentliche Raum einen größeren Stellenwert bekommt und mit den Bürgerinnen und Bürgern gemeinsam entwickelt wird."

Thies Schröder

Freiräume der Baukultur
Beispiele für urbane Freiräume

Die Kultur des Bauens ist ein austariertes Miteinander ökologischer, funktionaler, nutzerorientierter und wirtschaftlicher Aspekte, die in ihrem Zusammenwirken eine gesellschaftliche Akzeptanz finden. Gerade der öffentliche Raum ist alltägliches Wirkungsfeld von Baukultur. Der per se allen zugängliche, ästhetisch definierte und zugleich offene Raum ohne monofunktionale Dominanz, angelegt in öffentlicher Verantwortung und – wenn möglich – mit Hilfe privaten Engagements unterhalten und gepflegt, ist die Visitenkarte der Stadt. Vor allem ist dieser Raum von einer breiten Öffentlichkeit akzeptiert, vielleicht sogar gemocht, auch behütet, und als Ausdruck der eigenen Identität einer Stadt oder eines Stadtteils in den Köpfen, den Gedächtnissen der Stadtgesellschaft, vertreten.

Die Ansprüche an öffentliche Räume sind vielfältig. Soziale Integration, ökologische Nachhaltigkeit, ästhetische Qualität sind nur drei der Aspekte, an denen seine Bedeutung gemessen wird. Dabei ist das Urteil über die Qualität des öffentlichen Raums keines, das auf wissenschaftlicher Objektivität beruhen kann. Das Urteil über den öffentlichen Raum ist vielmehr ein „ästhetisches Urteil", ähnlich dem über ein Kunstwerk: ein subjektives Urteil, aber mehr als nur eine individuelle Meinung. Denn wie auch das Kunstwerk trägt der öffentliche Raum „die Forderung des ästhetisch Besonderen" in sich, um ein „Allgemeines" im individuellen Urteil zum Ausdruck zu bringen. Adorno nennt dies „Geist", wir würden heute vielleicht von Zeitgeist sprechen, den dieser

Raum zum Ausdruck bringt. Eben dieser Anspruch an öffentlichen Raum, zu einem Urteil über Gestaltung zu animieren, einem Urteil des Geschmacks, das eine allgemeine Gültigkeit für sich beansprucht, ohne allgemeingültig nach wissenschaftlichen Kriterien zu sein, macht den Entwurf dieser Räume zu einer Herausforderung der Kreativität und des Verstehens. Im besten Falle ist öffentlicher Raum als Platz oder als Stadtpark ein Gesprächsthema, über das man sich verständigen kann – in etwa so wie das Wetter; aber zugleich ein Gesprächsthema, das durch das Individuum beeinflussbar ist, zumindest indem sich der Einzelne ein Bild dieses Raums, der jeweiligen Stadt macht, von dem er meint, dass auch andere dieses Bild wahrnehmen, sich dem individuellen Urteil also anschließen können. „Gesellschaft" stellt sich genau entlang einer solchen Erwartung an geistige Übereinstimmung her, was den öffentlichen Raum zum Ausdruck der Stadtgesellschaft macht.

Selbstverständlich vermag ein öffentlicher Raum auch funktional zu überzeugen, gerade dies beeinflusst das subjektive Urteil. Die Beispiele, die dieses Buch zeigt, sollen uns verdeutlichen, warum öffentlicher Freiraum Stadtgesellschaft repräsentiert und prägen hilft. Es werden nicht die schönsten, die größten oder die teuersten Orte vorgestellt, sondern diejenigen Ergebnisse aktueller Planungen, welche die Idee einer Stadtgesellschaft in besonderer Weise ansprechen und damit baukulturelle Anforderungen bedienen.

Die Bundesstiftung Baukultur hat sich gemeinsam mit dem Redaktionsteam und mit Unterstützung einer Arbeitsgruppe des Fördervereins der exemplarischen Auswahl auf unterschiedliche Weise genähert:

- Systematisch, indem bundesweit mehr als hundert Beispiele empfohlen, gesammelt und mittels einer Matrix geordnet wurden nach Kategorien wie Stadtumbau und Konversion, Freiräume am Wasser, Quartiers- und Stadtplätze, Wohnumfeld, Landschaftsparks, Stadtparks, Straßen- und Verkehrsräume. Diese Kategorien erheben keinen Anspruch auf Vollständigkeit, sind aber Ausdruck der gegenwärtigen Herausforderungen und Handlungsfelder der Freiraumplanung.

- Inhaltlich, indem Leitfragen formuliert wurden, die sich auf die besondere Bedeutung der Freiraumplanung beziehen, die dieser gesellschaftlich derzeit zuerkannt wird. Dazu gehören Fragen nach Lösungsansätzen der Freiraumplanung zu Leitthemen wie dem Klimawandel, der sozialen Stabilisierung eines Gemeinwesens, der Verankerung und Zugänglichkeit von Kultur und (Geschmacks-)Bildung im Raum oder dem demografischen Wandel.
- Formal, indem Kriterien wie eine regionale Streuung, ein möglichst breites Spektrum an Planungsaufgaben, die Vielfalt von Planungsverfahren berücksichtigt wurden.
- Maßstäblich, indem eine Mischung von Projekten mit teilstädtischer oder gesamtstädtischer Bedeutung, mit lokaler oder internationaler Ausstrahlung, mit vielfältiger oder monothematischer Aussage Berücksichtigung fanden.
- Journalistisch, indem durch Recherchen zu den einzelnen Projekten ihre Akzeptanz vor Ort, ihr Funktionieren im Alltag, ihr strategischer Planungsansatz und vieles mehr hinterfragt wurden.

Besonders wichtig war die Frage nach dem „integrierten Ansatz": Berücksichtigt das jeweilige Projekt, das in diesem Buch vorgestellt wird, neben einer notwendigen Gestaltqualität auch die sozialen, ökologischen, kulturellen und ökonomischen Aspekte einer nachhaltigen Freiraumplanung? Wurden die Chancen partizipatorischer Planungsansätze genutzt, um zu einer überzeugenden, von den Nutzern anerkannten Qualität zu kommen? Und vor allem: Repräsentiert das ausgewählte Projekt eine gute Geschichte, die es zu erzählen lohnt, weil sie Beispiel gibt für viele weitere alltägliche Gestaltungs- und Bauaufgaben in der Praxis der Baukultur?

Jedes der vorgestellten Projekte dient also dazu, den baukulturellen Diskurs zu reflektieren und zu beleben.

Und nicht zuletzt nähert sich das Buch fotografisch den einzelnen Projekten. Erik-Jan Ouwerkerk hat alle Freiräume für die Betrachter und Leser ins Bild gesetzt. Und dabei das Besondere erfasst, was als Allgemeines gültig sein könnte.

01__Der Bodenbelag hält die Platzfläche in ihrer Weitläufigkeit zusammen.

Auf dem Boden der Geschichte
Marktplatz, Halle/Saale

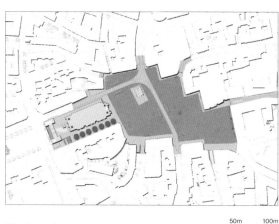

02__Lageplan.

50m   100m

03__Wenige Akzente betonen die Funktion des Marktplatzes als Stadtmittelpunkt.

Ein Jubiläum war der Anlass. Zum 1200-jährigen Stadtgeburtstag erhielt der Marktplatz in Halle/ Saale ein neues Gesicht. Der Platz strahlt mit seiner unregelmäßigen Form und den vierzehn einmündenden Straßen die viel zitierte Urbanität der europäischen Stadt aus: Er ist einer der wichtigsten Treffpunkte der Stadt, Veranstaltungsort für große Feste, Marktplatz, Drehscheibe im öffentlichen Nahverkehr und mit seinen Denkmälern auch Ort der Erinnerung und Bewahrung. In Halle ist eben diese Stadttypologie aufgrund mehrfacher Zerstörungen und Wiederaufbauleistungen nicht mehr flächendeckend zu finden.

Rehwaldt Landschaftsarchitekten, Dresden, nahmen in ihrem Konzept für die Neugestaltung des Hallenser Marktplatzes die Geschichte der Stadt auf und arbeiteten besonders die historischen Spuren heraus. Handel, Kunst, Salzbergbau, die tektonische Verwerfung direkt unter dem Marktplatz sowie ein Glockenturm im spätgotischen Stil, der Rote Turm, sind Themen und Motive, die sich nach den Bauarbeiten deutlicher als vorher im Stadtbild wiederfinden.

„Der Platz hat seine Funktion als Marktplatz nicht verloren, im Gegenteil: Mit dem Wochenmarkt bleibt diese Funktion erhalten. Und es sind neben dem Tourismus auch neue Funktionen dazugekommen. Dadurch wird die Innenstadt stärker genutzt." (Till Rehwaldt)

Um trotz der Funktions- und Gestaltvielfalt eine klare Gliederung und keine Zergliederung des Ortes zu erzielen, legten die Landschaftsarchitekten besonderen Wert auf den Bodenbelag. Durch eine unregelmäßige städtebauliche Struktur ist der zentrale Platz der Stadt Halle/ Saale sehr vielgestaltig. Um diesem einen festen Rahmen zu geben und ihn als Stadtmittelpunkt zu markieren, wurde auf dem gesamten Platz ein einheitliches Material in verschiedenen Formaten für den Bodenbelag verwendet: qualitativ hochwertige Natursteinplatten, ein basaltähnliches Material. Der Bodenbelag hält die verwinkelte Platzfläche in ihrer Weitläufigkeit als Raum zusammen.

Die Randzone, zwischen drei und acht Meter breit, vermittelt zwischen der zentralen Platzfläche und den Gebäudekanten sowie den einmünden-

04__Die Möblierung des Marktplatzes ist schlicht.

05__Der Platz ist durch den Wochenmarkt einer der wichtigsten Treffpunkte in der Stadt.

06__Die „Goldsole", eine moderne Interpretation des Marktbrunnens, bewahrt die Erinnerung an den Abbau und Handel mit Salz in Halle/Saale.

den Straßen. In Farbton und Helligkeit setzt sich dieser Bereich deutlich vom zentralen Platz ab. Auch Schlitzrinnen aus Edelstahl, die für die Entwässerung benötigt werden, gliedern den Platz. Mit besonders bearbeiteten Steinplatten und einem umlaufenden Band aus Edelstahl wurde die frühere Ratsloggia, die 1948 abgerissen wurde, als Grundriss im Bodenbelag markiert.

Im Zuge der Neugestaltung wurde eine in den 1970er Jahren entstandene Umbauung des Roten Turms beseitigt. Der Marktplatz, bereits im 12. Jahrhundert Bestandteil einer Stadterweiterung, erhielt zugleich neue und alte, restaurierte Schmuckelemente. So fanden das Händel-Denkmal im Mittelpunkt des Platzes und die Roland-Figur am Roten Turm, ein Sinnbild für die Eigenständigkeit der Stadt, wieder ihren gebührenden Ort.

Mit einem Geoskop, einem optischen Beobachtungsinstrument für Veränderungen in der Bodenstruktur, wird die geologische Besonderheit der tektonischen Verwerfung unter dem Marktplatz sichtbar gemacht. Durch ein Okular kann über zwei Spiegel ein Blick in die Erdgeschichte geworfen werden. Der Abbau und Handel mit Salz verhalfen Halle/Saale und der umliegenden Region zum Aufschwung in historischer Blütezeit. Diese Erinnerung wird durch die „Goldsole", eine moderne Interpretation des Marktbrunnens, bewahrt. Rund um diese Brunnenskulptur findet viermal in der Woche der große Markt statt.

Nicht nur historische und für die gesamte Stadt identitätsstiftende Elemente sind bei der Neugestaltung berücksichtigt worden. Auch die Straßenbahnhaltestelle als Knotenpunkt des

07__Der Platz ist Drehscheibe im öffentlichen Nahverkehr und mit seinen Denkmälern Ort der Erinnerung und Bewahrung.

öffentlichen Verkehrs und die für die Versorgung der Stadt notwendigen Leitungen für Strom, Wasser und Gas wurden in die Umplanung integriert. Leitungssysteme wurden erneuert, die Gleisführung der Straßenbahn verändert. Dadurch konnten Gleise zurückgebaut und mehr nutzbare Fläche geschaffen werden.

   Möblierung und Beleuchtung des Marktplatzes sind schlicht. Diese gestalterische Zurückhaltung lässt die Fassaden der umstehenden Gebäude in den Vordergrund treten. Um die Platzmitte für Marktnutzungen und Veranstaltungen freizuhalten, sind die Stadtmöbel zumeist in der Randzone platziert worden.

Projektort_Halle/Saale, Sachsen-Anhalt

Planung und Realisierung_2003 – 2006

Planungsverfahren_Wettbewerb

Bauherr_Stadtverwaltung Halle/Saale

Landschaftsarchitektur_Rehwaldt Landschaftsarchitekten, Dresden

Ingenieurbau_Trag Werk Ingenieure, Dresden

Brunnentechnik_Lista Wassertechnischer Dienst GmbH, Halle/Saale

Kunst im Raum_Maja Graber, Halle/Saale

Lichtplanung_Licht in Form, Dresden

Geoskop_Museumstechnik Gesellschaft für Ausstellungsproduktion mbH Berlin

Grundfläche_2,3 Hektar

Baukosten_8,4 Millionen €

01__Zurückhaltend und schlicht werden die Bereiche des Alt- und des Neumarktes mittels des homogenen Bodenbelags verbunden.

Neues Pflaster braucht die Stadt

Zeitspu(e)ren, Schmalkalden

02__Lageplan.

50m   100m

In vielen Städten Deutschlands, in ihrer historischen Bausubstanz oftmals gut erhalten, stellt sich die Frage, wie man am besten an ihre Geschichte erinnert. Man kann Geschichte in Archiven sammeln, zwischen Buchdeckel pressen oder Schilder im öffentlichen Raum aufstellen. In Schmalkalden, Thüringen, ist durch einen von der Stadt ausgelobten Wettbewerb zur Neugestaltung des Stadtraums ein Prozess entstanden, der vielseitige baukulturelle und stadtgeschichtliche Aspekte mit dem öffentlichen Raum vereint.

Die Idee: In den Boden des Stadtraums, in das Pflaster, werden die Spuren der Geschichte eingeschrieben. Nun wäre ein gepflastertes Bodendenkmal zur Erinnerung an die sich überlagernden Schichten der Stadtentwicklung nicht funktional. Schmalkalden ist eine lebendige Stadt, kein Museum. Daher schufen die Landschaftsarchitekten mittels einer simplen Idee eine neue Aufmerksamkeit für die Stadtgeschichte, ohne die Stadt und ihre Spuren der Geschichte in eine öffentliche Vitrine zu verwandeln.

Der gestalterische Umgang mit der Geschichte hat die Stadt und ihre Bewohner überzeugt, so dass heute Führungen zu archäologischen Fundstellen, die während der Bauarbeiten freigelegt wurden, Besucher nach Schmalkalden locken. Öffentliche Ausstellungen und Informationsveranstaltungen während der Planungs- und Bauzeit sowie die Zusammenarbeit mit dem Geschichtsverein der Stadt brachten große Akzeptanz für das Projekt.

Die tragende Idee für den öffentlichen Raum stellt die Neugestaltung des Stadtbodens dar. Zurückhaltend und schlicht, aber dennoch spürbar wurden von Peter Wich, terra.nova Lanschaftsarchitektur, München, die beiden historischen Entwicklungsbereiche Alt- und Neumarkt über den homogenen Bodenbelag verbunden. Die Oberflächenstrukturen definieren die zwei klar voneinander unterscheidbaren Bereiche. Die Altstadt ist durch einen Wechsel von Gassen, Straßen und Plätzen charakterisiert. Entsprechend der stark variierenden Zuschnitte der Freiräume wurde in der Altstadt Granitpflaster mit rotbraunen Farbabstufungen im „wilden Verband" verlegt. Im Unterschied dazu erfolgte die Gestaltung des Bodenbelags in der Neustadt im regelmäßigen Reihen- und Netzverband. Farbnuancen in Graubraun und Anthrazit dominieren den regelmäßig gegliederten Raum der Neustadt. Herauszustellen ist der Umgang mit dem im Rahmen

03__Der Boden der Stadt: lebendiger Raum mit historischer Identität.

04__In Schmalkalden ist mit der Neugestaltung des Stadt-raums ein Prozess entstanden, der vielseitige baukulturelle und stadtgeschichtliche Aspekte mit dem öffentlichen Raum vereint.

05__Ein übergeordnetes Lichtkonzept thematisiert vorgefun-dene historische Spuren.

06__Granitpflaster mit rotbraunen Farbabstufungen wurde im „wilden Verband" verlegt.

07__Das im Rahmen von archäologischen Grabungen freigelegte Straßenpflaster wurde wiederverwendet.

der archäologischen Grabungen gesicherten Wegebelag. Das aufgenommene Natursteinmaterial findet in Form von Lesepflaster – das ist gemischtes Steinmaterial – Wiederverwendung. Breite Gassen, kleine Nischen und offene Plätze bieten viele Möglichkeiten, die einzelnen, spannungsvoll gestalteten Szenerien in Verbindung mit den Fachwerkhäusern atmosphärisch zu erleben.

Besonderes Element der Gestaltung ist ein oberflächenveredeltes Bronzematerial, Baubronze, das an die örtlichen Handwerkstraditionen, speziell die Metallgießerei, erinnert und heute teilweise das Stadtmobiliar verziert. Dieses Mobiliar wurde eigens durch das Landschaftsarchitekturbüro entworfen.

Neben der Gestaltung der Bodenbeläge thematisieren ein übergeordnetes Kunst- und Lichtkonzept die vorgefundenen historischen Spuren. Gassen, Straßen und Plätze und besondere Orte werden durch Ausleuchtungen akzentuiert: Orangefarbene Lichtakzente definieren Orte der

Metallverarbeitung, bläuliches Licht markiert die für Schmalkalden typischen „Kunstgräben", ehemalige künstlich angelegte Entwässerungskanäle. Die Kombination dieser Stadtobjekte mit dem Lichtkonzept erzeugt in den Abendstunden eine charakteristische Atmosphäre.

Projektort_Schmalkalden, Thüringen

Planung und Realisierung_2002 – 2008

Planungsverfahren_Wettbewerb

Bauherr_Stadt Schmalkalden

Landschaftsarchitektur_terra.nova Landschaftsarchitekten, München

Architektur_Wich Architekten, München

Kunst_Klaus Noculak, Plastische Gestaltungen, Berlin

Lichtplanung_ADV7, Grabenstätt

Elektroplanung_IB Häfner, Steinbach-Hallenberg

Bauausführung_Verkehrsbauunion, Apolda; Fa. Bauwi, Suhl

Grundfläche_2,6 Hektar

Baukosten_4,6 Millionen €

01__Aus der Gestaltungsassoziation zum Baruther Urstromtal entstand ein ortsbezogener Planungsansatz.

Urbanität in der Kulturlandschaft

Ernst-Thälmann-Platz, Baruth/Mark

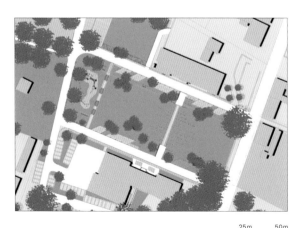

02__Lageplan.

25m   50m

03__Durch zwölf Meter hohe, filigrane, geschälte Baumstrukturen ist der Spielplatz schon von weitem sichtbar.

Der Umgestaltung des Ernst-Thälmann-Platzes in Baruth/Mark, Brandenburg, durch das in Baruth/Mark ansässige Büro atelier 8 landschaftsarchitekten ging ein längerer Prozess der kulturellen Standortbestimmung dieser Kleinstadt im ländlichen Raum voraus. Begonnen hatte dieser Prozess mit der Neunutzung einer nicht mehr für den Unterricht benötigten Schule, aus der Arbeits- und Ausstellungsräume wurden, die in Erbpacht an Künstler vergeben wurden. Aus dieser Künstlergruppe und ihrem kreativen Umfeld heraus entwickelte sich unter anderem das Institut zur Entwicklung des ländlichen Kulturraums (I-KU). Die Baruther Neubürger machten sich auf Spurensuche vor Ort, stellten in ihren Ateliers und im öffentlichen Raum aus, entdeckten einen einst von Peter Joseph Lenné gestalteten Park wieder, luden Freunde und Kollegen ein und ergänzten die Stadt um künstlerische Interventionen.

Heute locken neuartige Brückenbauwerke im Lenné-Park, ein wieder bepflanzter Weinberg und eine Vielzahl an Veranstaltungen wie die jährlichen Baruther Gespräche zur kulturellen Zukunft des ländlichen Raums in die Kleinstadt. Die kommunalpolitisch Verantwortlichen, allen voran der Baruther Bürgermeister Peter Ilk, sahen die Chance des Neuen.

Was den einen als Aufgabe eines erweiterten Kunstverständnisses gilt, nämlich die Entwicklung der Stadt und Region, ist den anderen ihr kommunalpolitischer Alltag. In der kommunikativen Mischung beider Positionen gedeihen entsprechend wegweisende Ansätze auch in der Gestaltung des öffentlichen Raums.

04__Eine Kleinstadt setzt Zeichen mittels öffentlichem Raum.

05__ Der schwebende Steg ist sowohl verbindendes als auch den Raum akzentuierendes Element.

„Der Ernst-Thälmann-Platz in Baruth/Mark ist ein Baustein, der zur Qualifizierung eines kulturland-schaftlichen Masterplans beiträgt." (Horst Hei-nisch, atelier 8)

Der heutige Baruther Anger war jahrelang durch die Bauruine eines Kulturhauses aus der Zeit der DDR geprägt. Nach einem Brand in der Ruine wurde das Gebäude abgerissen. Danach stand die Fläche im Rahmen der Sanierung der Baruther Innenstadt für eine Neugestaltung zur Verfügung. Mit der Unterstützung des Bürger-meisters bot dies die Chance, die inmitten der Stadt liegende Fläche als repräsentativen Ort neu zu denken.

Aus der gewählten Gestaltungsassoziation zum Baruther Urstromtal, eine naturräumliche, die Landschaft prägende, geologische Formation, die als Abflussbahn eiszeitlicher Schmelzwässer entstand, wurde ein ortsbezogener Planungsan-satz im Sinne der regionalen Identitätsfindung,

wie ihn die Mitglieder des I-KU-Netzwerkes definieren.

Die Neugestaltung des Ernst-Thälmann-Platzes übersetzt die Landschaftsmerkmale des Baruther Urstromtals in den Entwurf. Der zwischen den beiden Platzkanten bestehende Höhenunter-schied wurde aufgenommen und neu interpre-tiert. Dabei steht die nördliche Platzkante für das offene Tal und geht ohne Höhensprung in eine Wiesenfläche über. Hingegen wurde die südliche Platzkante mit sanften Rasenhügeln gestaltet. Symbolisch wird das Thema des Tals mit einem Holzsteg betont. Dabei ist der Steg nicht nur verbindendes und den Raum aufspannendes Element, er ist zugleich auch als eine Sitzmauer zur Wiesenfläche hin gestaltet. Die gestalterische Besonderheit liegt im fehlenden Geländer des Steges, was dem niedrigen Verbindungssteg zwischen beiden Platzseiten einen schwebenden Eindruck verleiht.

06__Der Anger wurde nicht als Schmuckplatz, sondern als offener Grünzug konzipiert, der von Baumgruppen eingefasst wird.

Der neue Anger wurde nicht als Schmuckplatz, sondern als offener Grünzug konzipiert, der von einzelnen Baumgruppen am Rand sowie einem Steinplattenweg eingefasst wird. Charakteristisch ist auch der Spielplatz, der durch bis zu zwölf Meter hohe, filigran geschälte Baumstrukturen aus Robinienstämmen schon von weitem sichtbar ist. Gräserinseln umschließen die Spielangebote. Thema des Spielplatzes ist die Balance, die beim Klettern, Schaukeln, Wippen und Rutschen gefunden und gehalten werden muss.

Eine asphaltierte Wellenbahn greift die Idee des Fläming-Skate auf, ein 210 Kilometer langer Skaterundkurs rund durch den Fläming und das Baruther Urstromtal fernab vom Verkehr durch die Brandenburger Landschaft.

„Auch ein Gemeinwesen wie Baruth/Mark benötigt nicht nur Planungssicherheit und Kontinuität, sondern auch Ideen und die Infragestellung gegebener Ansätze. Baruth/Mark ist mit der Raumumordnung auf dem richtigen Weg." (Peter Ilk)

Projektort_Baruth/Mark, Brandenburg

Planung und Realisierung_2001 – 2005

Planungsverfahren_direkt beauftragt im Rahmen der Stadtsanierung

Bauherr_Stadt Baruth/Mark

Landschaftsarchitektur_atelier 8, Baruth/Mark

Landschaftsbau_Fa. Schmitt Sportstättenbau, Groß Köris

Straßenbau_HTS GmbH & Co. KG, Schlieben

Grundfläche_1,4 Hektar

Baukosten_520.000 €

01__Kulturlandschaft hat einen bildhaften Ausdruck in Form eines Landschaftsparks bekommen.

Der große Wurf
Landschaftspark München-Riem

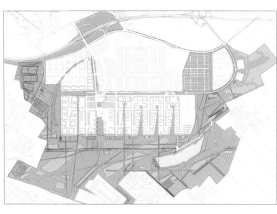

500m   1000m

02__Lageplan.

03__Mit einem umfangreichen Wegesystem vermittelt der Park zwischen umliegenden Stadtteilen und dem Messegelände.

Der Riemer Park zählt zu den größten Freianlagen Münchens. Nach dem Englischen Garten und dem Nymphenburger Schlosspark ist er mit 200 Hektar die drittgrößte Parkanlage der Stadt.

Vorgabe für die Entwicklung des Parks auf der Fläche des ehemaligen Flughafens Riem war die Sicherung umfangreicher städtischer Grünflächen, die mit der Auslagerung des Flughafens einhergehen sollte. Im Rahmen eines Raumordnungsverfahrens erfolgte die Festlegung einer Drittellösung: ein Drittel Wohnen, ein Drittel Messe und Gewerbe sowie ein Drittel Grün. Für den neuen Messestandort ist der Landschaftspark ein wichtiger Baustein.

Der neue Landschaftspark ist auch ein Stück Wald. Er ist mit dem neu entstandenen See ein Wasserbiotop für Menschen und er ist die kongeniale Erinnerung an die geobotanische Geschichte des Ortes, an eine Schotterebene im Osten Münchens, die dort lange vor dem Flughafen einmal den Landschaftscharakter geprägt haben

04__Durch einen neu entstandenen See wird der Landschaftspark zu einem Wasserbiotop.

05__Der Riemer Park ist mit 200 Hektar die drittgrößte Parkanlage Münchens.

06__„Waldmassive" gliedern den offenen Landschaftsraum.

07__Ein Aktivitätenband, das in Ost-West-Richtung verläuft,
nimmt Angebote intensiver Erholung auf.

soll. Der Entwurf des französischen Landschaftsarchitekten Gilles Vexlard berücksichtigt solche
„prägenden landschaftlichen Elemente" des
Ortes und schreibt so mit an einer Legende eines
Landschaftsraums.

Die Großdimension dieses Parks ist keines-
wegs nur eine des Flächenmaßes. Zwei inmitten
von Grasheiden gelegene „Waldmassive", die
durch Haine, Gehölzstreifen und Einzelbäume
ergänzt werden, spiegeln die Verzahnung eines
bewaldeten Raums mit einem offenen Landschaftsraum wider. Die diagonale Ausrichtung der
Baumpflanzungen nimmt historische Flurgrenzen
vor der Zeit des Flugbetriebes auf. Mit einem
umfangreichen Wegesystem vermittelt der Park
zwischen den umliegenden Stadtteilen.

Der Landschaftspark gliedert sich in zwei Bereiche. Ein Aktivitätenband in Ost-West-Richtung
verläuft schnurgerade entlang der ehemaligen
Start-Landebahnen-Ausrichtung. Spielplätze sind
hier angeordnet, Spaziergänger und Freizeitsport-
ler ziehen dort ihre Bahnen. Vor allem in diesem
Bereich war die Bundesgartenschau 2005 zu
Gast, deren Magerwiesen bei Freunden üppiger
Blumenpracht einiges Kopfschütteln hinterließen.
Der Bereich im Süden des Aktivitätenbandes
gestaltet sich dagegen als extensiv nutzbarer,
landschaftlicher Park.

Dem strategischen Erfolg der städtebaulichen
Großtat München-Riem tat der Ruf nach „mehr
Blumen" keinen Abbruch. Zu gut war die Idee,
einen neuen Messestadtteil mit angelagertem
Geschosswohnungsbau mittels eines großartigen
Landschaftsparks am Markt zu platzieren. Und an
dem Park selbst gab es auch niemals grundle-
gende Kritik. Im Gegenteil: Die Fachwelt wie die
Bürger Riems und Münchens loben den Park we-
gen seiner Großzügigkeit und der gestalterischen
Kraft der schnurgerade ausgerichteten Baum-
haine. Kulturlandschaft hat hier einen starken,
bildhaften Ausdruck in Form eines städtischen
Parks bekommen.

Auch den Kriterien einer nachhaltigen Stadtentwicklung wird der Landschaftspark München-
Riem gerecht. So wurden Pflanzengesellschaften
verwendet, die der potenziell natürlichen Vegetation eines ehemals vor Ort existierenden Natur-
raums entsprechen. Kennzeichen des Parks sind
die artenreichen Wiesen und Magerrasen.

08__Der Landschaftspark ist zum Teil auch ein Wald, der durch Haine, Gehölzstreifen und Einzelbäume ergänzt wird.

Wesentliche Aspekte des Entwurfs sind das Spiel mit Perspektiven und Proportionen. Dem Park wird gerade durch die waldartigen Baumhaine und Gehölzstreifen seine Weite gegeben. Zudem hat jeder der 20 000 Bäume seinen ganz bestimmten Platz, wodurch ein besonderes Spiel aus Licht und Schatten erzeugt wird. Veränderungen des Geländeniveaus verstärken die räumliche Wirkung und Erlebbarkeit des Parks.

Mit dem Landschaftspark Riem wurde eine gartenkünstlerische, funktional und ökologisch hochwertige Landschaft geschaffen, die dem Bedürfnis nach einem Naherholungsgebiet nachkommt. Der Park ist ein gelungener Baustein der nachhaltigen Stadtentwicklung Münchens und Ausdruck einer neuen, starken Parkidentität.

Projektort_München, Bayern

Planung und Realisierung_1995 – 2005

Planungsverfahren_Internationaler Wettbewerb

Bauherr_Bundesgartenschau München 2005 GmbH für die Landeshauptstadt München vertreten durch die MRG Maßnahmenträger München-Riem GmbH

Landschaftsarchitektur_Latitude Nord, Maisons-Alfort, Frankreich

Städtebauliche Rahmenplanung_Rahmenplanung Landschaftspark Riem (Latitude Nord, Maisons-Alfort)

Projektbeteiligte_Stahr + Haberland Landschaftsarchitekten, München (1. BA); LUZ Landschaftsarchitekten, München (2. BA)

Garten- und Landschaftsbau_May Landschaftsbau, Feldkirchen bei München; Gaissmaier Landschaftsbau, Freising

Grundfläche_200 Hektar

Baukosten_70,5 Millionen €

01__Durch die Umgestaltung des Raumbachtals ist aus dem ehemals dicht bebauten und teils ruinösen Industriegebiet die Schauseite der Stadt geworden.

Der angemessene Park
Raumbachtal, Reichenbach

02__Lageplan.

100m   200m

03__Die Bezüge zur Geschichte des Ortes nimmt der Besucher fast beiläufig wahr.

Die Kleinstadt Reichenbach im Vogtland (Sachsen) hat mit der Ausrichtung der Landesgartenschau 2009 eine grüne Aue gewonnen. Das Raumbachtal war für mehr als einhundert Jahre aus der öffentlichen Wahrnehmung weitgehend verschwunden. Betriebe besonders der Textilindustrie hatten sich zum Ende des vorletzten Jahrhunderts am Raumbach vor den Toren der Stadt angesiedelt und den heute öffentlichen Raum besetzt. Nicht nur der Weg durch das Tal war eingeschränkt, der Raumbach war schlicht nicht mehr sichtbar. Mittels der Parkplanung wurde er wieder in einen mäandernden Lauf versetzt und zu einem wohltuend proportionierten, sorgfältig in Szene gesetzten Raum der Stadt.

Reichenbach blickt auf eine vom Tuchmachergewerbe und Tuchhandel geprägte Geschichte zurück. Durch die Umgestaltung des Raumbachtals ist aus dem bis vor wenigen Jahren dicht bebauten und teils ruinösen Industriegebiet die neue Schauseite der Stadt geworden.

Der Entwurf zeichnet sich vor allem durch die gelungene Dimension der Landschaft und ihrer

neuen Elemente aus. Der Park passt zur Stadt. Durch die Wahl regionalspezifischer Materialien wie Theumaer Fruchtschiefer, der in der Umgebung ansteht, strahlt der Park eine große Selbstverständlichkeit aus. Diese bewusst initiierten Bezüge nimmt der Besucher fast beiläufig wahr und erfährt so indirekt viel über den Ort und seine Geschichte. So ist zum Beispiel das Farbmuster des zentralen Festplatzes eine Reminiszenz an historische Webmuster und damit an die Geschichte Reichenbachs.

Im Zuge der Landesgartenschau 2009 wurde der einst zur Abwasserrinne verkommene Raumbach innerhalb des Tals umgelegt. Ein Relikt des ehemals mit Ziegeln gefassten Kanalbettes blieb als Zeitzeugnis bestehen. Durch dieses Bett kann man nun inmitten von Feuchtigkeit liebenden Pflanzen spazieren. Feiner Nebel aus drei Dutzend Sprühdüsen unterstreicht die Unwirklichkeit der Situation. So wird der neue Park eine vielfache Metapher für den Wandel Reichenbachs. Dennoch steht die Gegenwart des Ortes im Mittelpunkt des Parkerlebnisses. „Ein neuer Blickwinkel

04__Mit dem neuen Raumbachtal hat Reichenbach eine grüne Aue gewonnen.

05__Die beiden Parkteile entlang der Aue sind miteinander verbunden.

auf die Landschaft und auf die Stadt wurde geschaffen, […], eine Symbiose von Natur, Bewegung, Kunst und Kultur […]." (Dieter Kießling, Oberbürgermeister der Stadt Reichenbach)

Wesentliches Merkmal des Parks ist neben dem charakteristischen Wiesenraum ein Waldhang, der ein starkes Gegenüber zur Stadtkulisse bildet. Durch dessen Dimensionierung, aber auch die Anordnung der Pflanzungen wird der Wiesenraum geprägt. Vorhandener ruderaler Aufwuchs wurde an geeigneten Stellen in die Gestaltung einbezogen.

Auch der Spielplatz des Parks nutzt diese Hanglage. Ausgehend von einem ehemaligen Wasserwerk, dessen Klinkerbau im Zuge der Gartenschau-Bauarbeiten saniert wurde und nun für Ausstellungen zur Verfügung steht, zieht sich ein Wasserspielplatz mit Holzkandeln den Hang hinunter. Jüngere und ältere Kinder stauen hier das Wasser, leiten es um, beginnen miteinander zu spielen. Und die Eltern liegen nebenan auf der Hangwiese und genießen den Blick auf die roten Ziegeldächer Reichenbachs.

06__Gezielte Platzierungen der Pflanzungen verleihen dem Park zusammen mit vielfachen Blühaspekten eine besondere floristische Prägung.

Durch die gezielte Platzierung der Pflanzungen und die vielfachen Blühaspekte erhält der Park eine besondere floristische Prägung. Diese harmoniert mit dem Farbkonzept, mit dem die Landschaftsarchitekten einige überraschende Akzente setzen. So wurde ein ehemaliges Klärbecken aus Beton zum „Pink Pool", und entlang einer Erweiterung des Parks an einer ehemaligen Kleinbahntrasse verstärken gelbe und grüne Farbtöne des Mobiliars das Laub der unterschiedlichsten Baumarten eines neugepflanzten Arboretums.

Im gesamten Park werden Materialien und Elemente immer in Kontrastierungen eingesetzt. Dennoch vermitteln sie zwischen den Atmosphären. Es ist ihre Mehrfachbindung, die keine der gestalterischen Ideen unvermittelt im Raum stehen lässt und so zu einem stimmigen Gesamteindruck führt. Aus dem stimmigen Park wird ein spannender Ort, eine Raumerzählung.

Projektort_Reichenbach, Sachsen

Planung und Realisierung_2005 – 2009

Planungsverfahren_Wettbewerb

Bauherr_Landesgartenschau Reichenbach im Vogtland 2009 gGmbH

Landschaftsarchitektur_geskes.hack Landschaftsarchitektur, Berlin

Tiefbauliche Erschließung_Planungsbüro Lehmann, Cottbus

Hochbau_Zimmermann & Partner Architekten, Cottbus

Garten- und Landschaftsbau_Fachcenter Garten, Heinersdorfergrund; VOBA, Hammerbrücke; Technofarm, Neukirchen-Adorf

Grundfläche_14 Hektar

Baukosten_6 Millionen €

01__Die Stadt Staßfurt hat durch die Neugestaltung des Bergsenkungsgebietes eine Mitte zurückerhalten.

Bergsenkung
Aufheben der Mitte, Staßfurt

02__Lageplan.

50 m   100 m

Im Zuge der IBA Stadtumbau 2010 wurde der
Stadt Staßfurt, Sachsen-Anhalt, eine Chance gegeben. Die Stadt hat ihre Mitte zurückerhalten.
Diese war im Wortsinne versunken. Seit 1851
baute man in Stollen unter der Stadt Kali ab. Über
die Zeit füllten sich die alten Stollen mit Wasser
und fielen ein, wodurch sich die Erdoberfläche
senkte. Ständiges Abpumpen des Grundwassers
konnte die Bergsenkung nicht verhindern, da mit
dem Wasser auch immer mehr Salz ausgespült
wurde. Es entstand über die Jahrzehnte ein Berg-
senkungsgebiet von 200 Hektar Größe und teils
mehr als 7 Metern Tiefe, das die Altstadt diagonal
durchzieht. Mehrere hundert Gebäude, darunter
Rathaus und Kirche, gingen verloren. Die Sen-
kung führte dazu, dass heute große Flächen der
Altstadt nicht mehr bebaubar sind.

Dieser Problematik nahm sich die IBA Stadtumbau im Jahr 2003 mit dem Projekt „Aufheben
der Mitte – Neugestaltung der Mitte" an. Es
wurden mit Hilfe des Bauhauses Dessau neben
praktischen Fragen auch städtebautheoretische
Fragen erörtert: Wie viel Mitte braucht eine
Stadt? Wie wichtig ist die Erinnerung an das
weitgehend verloren gegangene historische
Zentrum Staßfurts? Zugleich mussten ingenieur-
technische Probleme gelöst werden. Bergsen-
kungen sind eine reale Gefahr mit weitreichenden
Folgen, zum Beispiel für das Grundwasserma-
nagement. Angesichts dieser komplexen Herausforderung beschlossen die IBA-Verantwortlichen,
die Landschaftsarchitekten vor Ort zu holen. In
einem leeren Warenhaus trafen sich die Planer
und arbeiteten dort für einige Wochen; die Bewohner konnten sehen, dass gerungen wurde um
ihre Stadtmitte, ihren versunkenen Ankerpunkt
der Stadtgeschichte. Dabei konnte es nicht um
eine Rekonstruktion gehen, sondern um ein
neues Erscheinungsbild der Stadtmitte mit ihrer
Bergbauvergangenheit und ihrer zukünftigen
Bedeutung angemessen.

Für Vorschläge zur Neugestaltung wurde ein
interdisziplinäres Planungsverfahren durchgeführt,
an dem zwölf Teams aus Architekten, Stadtpla-
nern und Landschaftsarchitekten mitwirkten und
Konzepte entwickelten. In einem darauf folgenden
Workshop konnten die Bürger die bis dahin von
den Planern gesammelten Ideen diskutieren, in
direkte Gespräche mit den Gestaltern treten, sich
informieren und Anregungen geben.

03__In Staßfurt wurden die Folgen des Bergbaus gestalterisch
sichtbar gemacht.

Die ingenieurstechnische Herausforderung lag
in der Verringerung der Absenkung. Durch die
Begrenzung der Pumpaktivität entstand ein See
mit einer Fläche von 4500 Quadratmetern als
prägendes Element der neuen Stadtmitte. Das
vom Stadtrat beschlossene Konzept des Berliner
Büros Häfner Jimenez Landschaftsarchitektur
sah eine Low-Tech-Lösung vor, die natürliche
Schwankungen des Grundwasserstandes durch
unterschiedlich abgeböschte Uferbefestigungen
aus Schotter ermöglicht und mit Sitzstufen am
Ufer und Kirschbaumwiesen Naherholungsräume
für die Bewohner schafft.

Die Form des Sees folgt der Topografie des
Ortes. Der Schotter am Ufer erinnert an kristallines Salz, das einst zum Wohlstand der Stadt,
aber auch zum Verlust der historischen Mitte
führte. Die Steinschüttung toleriert zu erwartende
wechselnde Wasserstände. Mal fein- und mal
grobkörniger Schotter hilft zu unterscheiden zwischen Aufenthaltsbereichen am flachen Ufer und
den Bereichen an steileren Uferabschnitten.

04__Eine plane horizontale Fläche kennzeichnet die Lage der ehemaligen Kirche.

05__Schotter am Ufer erinnert an kristallines Salz, das zum Wohlstand der Stadt, aber auch zum Verlust der historischen Mitte führte.

06__Der 4500 Quadratmeter große See ist das prägende Element der Stadtmitte.

Der Senkungsbereich wurde als räumliche Einheit gestaltet, in die der neu entstandene See, der Große Markt sowie die Fläche der ehemaligen Kirche eingefügt wurden. Eine Fläche aus Kleinsteinpflaster zeichnet den Großen Markt in seiner historischen Form nach. Das Kirchengrundstück wurde als plane Rasenfläche ausgebildet. Im Rasen markiert eine Sonderfläche den Umriss des ehemaligen Kirchturms, der mehr als 1000 Jahre das Wahrzeichen der Stadt war.

Mit der Umgestaltung erhielten die Staßfurter ihr Zentrum zurück. Die Kombination aus dem Umgang, die Folgen des Bergbaus als freiräumliches Zentrum gestalterisch sichtbar zu machen, und dem Dialog zwischen Planern und Bürgerschaft macht dieses Projekt bemerkenswert.

Projektort_Staßfurt, Sachsen-Anhalt

Planung und Realisierung_2003 – 2009

Planungsverfahren_Kooperatives Werkstattverfahren

Bauherr_Stadt Staßfurt

Landschaftsarchitektur_Häfner Jimenez Landschaftsarchitektur, Berlin

Wasserbau_Muting GmbH, Magdeburg

Bauausführung_Staßfurter Baubetriebe

Grundfläche_2,9 Hektar

Baukosten_2 Millionen €

01__Öffentliche Platz- und Straßenräume werden als Stadteingänge zur wichtigen Visitenkarte.

Demokratie-Transit-Stadtzeichen
Stadteingang, Bonn

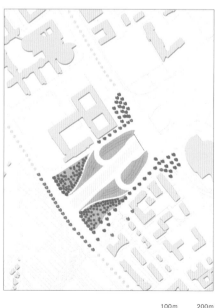

02__Lageplan.

100m   200m

03__Der Platz wird den Anforderungen eines repräsentativen Stadteingangs gerecht und setzt ein Zeichen für das internationale Bonn.

Die Wahrnehmung des öffentlichen Raums ist in der Vorstellung der Planenden meist an die Perspektive der Fußgänger gebunden. Der öffentliche Raum der Städte wird aufgesucht, ist Ort der Begegnung, wird vielleicht auch mal eilig durchschritten. Man läuft sich über den Weg. Eine solche unmittelbare Begegnung ist im Autoverkehr nicht möglich. Daher wird Straßenraum, wenngleich öffentlich genutzt und gewidmet, vor allem als Transitraum aufgefasst. Die Straße ist der schnellstmögliche Weg von A nach B. Ihr direktes Umfeld ist mit möglichst wenig Pflegeaufwand übersichtlich zu halten. Macht man sich jedoch bewusst, welche Eindrücke und Botschaften vom Wegesrand ausgehen, wird eine Mehrung des Gestaltungs- und Pflegeaufwandes plausibler.

Nur an wenigen Orten der Städte, so an manchen Stadteingängen oder im Bereich zentraler Kreuzungen oder Kreisverkehre, gehen öffentliche Platz- und Straßenräume eine gestalterische Verbindung ein. Der Stadteingang nach Bonn ist ein solches Beispiel. Er vereint zwei Merkmale des öffentlichen Raums: Er ist transitorische Zone und zugleich inszeniert und qualitätvoll gestaltet. Als Stadteingang von der Rheinautobahn her ist der Platz – ähnlich wie ein Bahnhofsvorplatz – Empfangsraum für Reisende. Seine aufwendige Gestaltung gibt Auskunft über die Haltung der Stadt in Bezug auf ihre öffentlichen Räume.

Ein Ort der unmittelbaren Begegnung ist dieser Platz nicht. Vielmehr entstand ein symbolischer Ort, der identifizierbar ist, einen Wiedererkennungswert auch für Autofahrer aufweist und damit ein Zeichen setzt. Ein Zeichen für das internationale Bonn, die Bundesstadt.

Die Landschaftsarchitekten des Büros RMP setzten die anspruchvolle Aufgabe, einen Raum zu gestalten, der fast ausnahmslos von Autos geprägt wird, mit einer Verbindung von Vegetation, Topografie und Licht um. Die Grundformen des Platzes sind den Kurvenradien der Straßen entlehnt. Die 220 Fahnenmasten für die Flaggen aller Mitgliedsstaaten der Vereinten Nationen sind neben Beeten sein auffälligster Schmuck. Ein Begrüßungsplatz.

04__ Für die Aufstellung der Flaggen der UN-Partner wurde eine elliptische Struktur gewählt, um eine Hierarchie in der Anordnung zu vermeiden.

05__ Verkehrsknoten in Bonn: transitorische Zone und kraftvolle Inszenierung.

Der Stadteingang ist Bestandteil des „Bonner Weges der Demokratie". Der Entwurf zur Neugestaltung musste daher den besonderen Anforderungen eines repräsentativen Stadteingangs gerecht werden, ohne die Funktion als Verkehrsknotenpunkt zu überzeichnen.

Bei der Begrünung von Verkehrsbauwerken werden meist nur die Aspekte des Licht- und Lärmschutzes, des ökologischen Ausgleichs oder der potenziellen Pflegeintensität berücksichtigt. Der Reiz des Entwurfes für den Stadteingang liegt jedoch darin, das landschaftsarchitektonische Potenzial der Fläche herauszustellen, um einen anspruchsvollen Platz inmitten des fließenden Verkehrs entstehen zu lassen.

Angelehnt an die Topografie des Ortes und mit Rücksicht auf den diplomatischen Ansatz der Vereinten Nationen, keine Hierarchie in der Anordnung der Flaggen vorzunehmen, wurde für die Aufstellung der Masten eine elliptische Struktur gewählt. Die vertikalen Stangenelemente dienen neben der Funktion als Träger der Flaggen auch als zurückhaltende Lichtelemente bei einer Nichtbeflaggung. Terrassierungen und Abstufungen akzentuieren die Topografie des Ortes. Zusätzlich unterstreichen Streifen aus großformatigen Betonplatten und Basaltschotter die Struktur des Platzes.

Um im Kontrast zum Straßenraum zugleich den Eindruck eines Gartens zu erzeugen, erfolgte eine Bepflanzung mit Lavendel, Gräsern und Trockenstauden.

In Bonn wurde mit dieser Neugestaltung ein Entree in die Stadt neu definiert, mit einem besonders repräsentativen Raum, der im Vorbeifahren gern und alltäglich angenommen wird.

Projektort_Bonn, Nordrhein-Westfalen

Planung und Realisierung_2003 – 2005

Planungsverfahren_direkte Beauftragung

Bauherr_Stadt Bonn

Landschaftsarchitektur_RMP Stephan Lenzen Landschaftsarchitekten, Bonn

Konzeption Brückenbauwerk_Dani Karavan, Israel

Planung Lichtsäulen_Dinnebier Licht GmbH, Wuppertal

Garten- und Landschaftsbau_Carl Ley Landschaftsbau GmbH, Düren

Installation Fahnenmasten_RSL Rodust & Sohn Lichttechnik GmbH, Sankt Augustin

Grundfläche_2,7 Hektar

Baukosten_1,23 Millionen €

06__Um den Eindruck eines Gartens zu erwecken, erfolgte die Bepflanzung mit Lavendel, Gräsern und Trockenstauden.

01__In Finsterwalde konnte durch die Umwidmung von Flächen die Größe des Schlossparks verdoppelt werden.

Impulse stiften Identität
Schlosspark, Finsterwalde

02__Lageplan.

50m   100m

03__Typische Elemente wie Freitreppen wurden zitiert, nicht rekonstruiert.

Vertrauen schaffen, Fortsetzungen ermöglichen. Oft weckt das Gelingen eines Planungsprozesses das Interesse, die Arbeit am öffentlichen Raum zu intensivieren. Gerade in kleineren Städten und Kommunen ist ein solch positiver Impuls häufig die Chance für weitere Schritte in der Qualifizierung öffentlicher Räume. Die Lokalpresse berichtet über den ersten Schritt und fragt nach weiteren. Partner aus den Planungs-, Bau- oder Grünflächenämtern sehen Chancen auf Verbesserungen. Bürgermeister fassen Vertrauen in Planungskooperationen. In den Stadträten bilden sich Mehrheiten für die Fortsetzung des einmal eingeschlagenen Wegs. Vor allem aber werden die Bürgerinnen und Bürger mittels eines ersten guten Beispiels oftmals von Skeptikern zu Fürsprechern eines verstärkten planerischen Engagements der Städte – wenn sie, die Bürger, denn einbezogen werden in die Zukunftsplanungen.

Zentrale Plätze und Parks eignen sich für solcherlei Impulse der Baukultur in besonderer Weise. Sind sie doch Orte der Identifikation vieler Bürger mit ihrer Stadt. So folgte auch die Neugestaltung des Schlossparks in Finsterwalde, Brandenburg, einem guten Beispiel vor Ort. Vorausgegangen war eine Planungswerkstatt für den wichtigsten Platz der Stadt. Im prämierten Beitrag für den Marktplatz von Finsterwalde bezogen die Landschaftsarchitekten des Büros Thomanek Duquesnoy Boemans, Berlin, bereits weitere Teile der Innenstadt in ihre Überlegungen ein. Dieser „Weitblick" erwies sich als kluge Strategie.

Denn auch auf die Flächen rund um das Schloss Finsterwalde machten die Landschaftsarchitekten aufmerksam. Zwischen der Altstadt im Norden und der Neustadt im Süden ist dieses Areal einer der zentralen Bereiche der Stadt, der jedoch aus der Wahrnehmung und der öffentlichen Nutzung weitestgehend verschwunden war.

In einem Planungsverfahren für den Schlosspark konnte sich dann wiederum das Büro Thomanek Duquesnoy Boemans durchsetzen. Durch die Umgestaltung des Schlossparks erhielt dieser eine neue Funktion als zentrale Grünanlage der Stadt. Gleichzeitig bildet er eine städtebauliche Klammer zwischen großen Wohnungsbau-

04__Durch eine zurückhaltende Gestaltung der Details rückt das Schloss als Zeichen Finsterwaldes in die Wahrnehmung der Stadtbewohner und Besucher.

05__Der Park bildet eine städtebauliche Klammer zwischen großen Wohnblöcken der Südstadt und kleinteiligen Parzellen der Altstadt.

blöcken der Südstadt und kleinteiligen Parzellen der Altstadt.

Das Finsterwalder Schloss, eine Renaissanceanlage aus dem 16. Jahrhundert, war nie von einer großen repräsentativen Parkanlage umgeben. Während der Neugestaltung konnte durch die Umwidmung weiterer Flächen die Größe des Parks nun verdoppelt werden.

Hauptmotiv des Entwurfs ist die räumliche Gliederung des Parks durch Baumstrukturen. Begrenzt wird der Park durch eine umlaufende Hecke aus Hainbuchen. Typische Motive und Elemente eines Schlossparks wie Formgehölze, Freitreppen, Pergolen, Wasser und Baumreihen wurden in der neuen Parkanlage zitiert, nicht rekonstruiert.

Dem ursprünglich ländlich geprägten Charakter der Liegenschaften rund um das Schloss wird durch die Pflanzung von Zierobstbäumen Rechnung getragen. Diese bilden einen lichten Hain und beziehen ein typisches Thema von Schlossgärten ein.

Neben zeitlichen Bezugnahmen finden sich auch räumliche Bezüge über die Stadt verteilt in der Gestaltung wieder. So werden die Belagmaterialien, wie sie auf dem Marktplatz verwendet wurden, auch auf dem Schlossplatz eingesetzt. Dadurch wird eine Verbindung zwischen den wichtigsten historischen Orten und Gebäuden der Stadt geschaffen.

Mit dem neuen Schlosspark erhält Finsterwalde einen Freiraum, der die räumliche Teilung der Stadt überwindet, die Altstadt markiert, das Schloss als einen Mittelpunkt der Stadt herausstellt und den Anwohnern einen vielfältig nutzbaren Park bietet. Durch eine zurückhaltende Gestaltung der Details und das Herausarbeiten historischer Spuren rückt das Schloss als Zeichen einer neuen Identität Finsterwaldes in die Wahrnehmung der Stadtbewohner und Besucher. „Dies war nur durch die gute Zusammenarbeit mit der Verwaltung und die Unterstützung des Bürgermeisters möglich", unterstreicht Karl Thomanek das gegenseitige Einvernehmen.

Projektort_Finsterwalde, Brandenburg

Planung und Realisierung_2003 – 2007

Planungsverfahren_konkurrierendes Werkstattverfahren

Bauherr_Stadt Finsterwalde

Landschaftsarchitektur_Thomanek Duquesnoy Boemans Landschaftsarchitektur Diplomingenieure, Berlin

Lichtplanung_Thomanek Duquesnoy Boemans Landschaftsarchitektur Diplomingenieure, Berlin

Garten- und Landschaftsbau_Fa. Landschafts- und Tiefbau GmbH, Luckau

Grundfläche_5,8 Hektar

Baukosten_1,77 Millionen €

06__Durch die Umgestaltung erhielt der Schlosspark eine neue Funktion als zentrale Grünanlage der Stadt.

01__In Saarbrücken-Brebach wurde das Umfeld der Pfarrkirche Maria Hilf zu einem zentralen Platz umgestaltet.

Gebaute Integration

Quartiersplatz,
Saarbrücken-Brebach

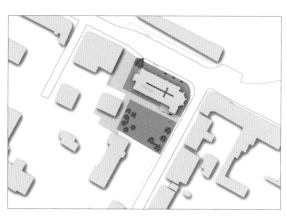

02__Lageplan.

25m   50m

03__Durch die Verwendung robuster Materialien nimmt der Platz als Ort der Ruhe und Gelassenheit, aber auch als städtische Bühne verschiedene Charaktere an.

Brebach, Stadtteil Saarbrückens, erhielt mit dem Bau des Quartiersplatzes an der Pfarrkirche Maria Hilf den ersten öffentlichen und zentralen Platz im Stadtteil. Als klassischer Arbeiterstadtteil wurde Brebach stark durch den Strukturwandel und die daraus entstehenden sozialen, ökonomischen und kulturellen Konflikte geprägt. Die bis 1974 selbständige Gemeinde profitierte stark von der Halberger Hütte, die 4000 Arbeitsplätze bot. Doch der Strukturwandel in der Montanindustrie wirkte sich negativ auf die Entwicklung Brebachs aus. Die Zahl der Arbeitslosen stieg an, die Bausubstanz war zum großen Teil sanierungsbedürftig, und die Verkehrssituation beeinträchtigte die Lebensqualität.

Zur Verbesserung dieser sozialräumlichen Situation bewarb sich Saarbrücken erfolgreich für das Bundesprogramm „Soziale Stadt". Für Brebach wurden ein Handlungskonzept erarbeitet und ein Stadtteilbüro eröffnet. Bürger, Gewerbetreibende und Jugendliche engagierten sich aktiv in Bürgerforen für eine Skateanlage, das Stadtteilmarketing oder bereiteten Stadtteilfeste vor.

Auch baulich unterstützte das von der Europäischen Union geförderte Programm „Soziale Stadt" diese Maßnahmen. Das Umfeld der Pfarrkirche Maria Hilf gestaltete man zu einem zentralen Platz um. Der heutige Quartiersplatz an der Pfarrkirche, ehemals ein Pfarrgarten, eignete sich durch seine zentrale Lage und die Ansammlung unterschiedlicher sozialer und öffentlicher Funktionen wie Kirche, Krankenhaus, Bank, Kindergarten und eine wichtige Bushaltestelle, um ihn als Quartiersplatz zu entwickeln. Bei der Gestaltung ihres Lebensraums „zeigten die Bürgerinnen und Bürger von Anfang an großes Interesse an diesem Projekt." (Igor Torres, baubar | urbanlaboratorium)

Die Fläche des ehemaligen Pfarrgartens wurde auf Initiative von Pastor Matthias Holzapfel seitens der Kirchengemeinde über 29 Jahre für eine öffentliche Nutzung zur Verfügung gestellt. Mauern und Zäune wurden abgerissen, das Gelände geöffnet und in die Mitte des Ortes zurückgekehrt, sagt der Pastor.

Vielen unterschiedlichen Interessen für die Nutzung des Platzes, wie beispielsweise dem Brebach-Fest, einem Musikfest und dem Pfarrfest, aber auch als Ort, an dem man sich einfach trifft, regelmäßig Boule spielt, sich austauscht, die Mittagspause verbringt oder an dem Kinder spielen, wurde von den Landschaftsarchitekten mit einer reduzierten Gestaltung entsprochen. Dabei

fanden vor allem robuste Materialien Verwendung. Betonfertigteile als Stützwand oder Gehwegbelag machen diese Robustheit sichtbar.

Gestalterisch geprägt ist der Quartiersplatz von charakteristischen Elementen: Zwei in den Platzsockel eingeschnittene Rampen markieren den Eingang auf die erhöhte Platzfläche; große Sitzmöbel bieten Platz für Kommunikation und Aufenthalt. Der Schriftzug „Brebach" auf dem Holzzaun „ist für die Leute von hoher Bedeutung. Er stärkt die Identifikation mit ihrem Stadtteil". (Matthias Holzapfel) Die erhöhte Platzfläche erhielt eine strapazierfähige, wassergebundene Decke.

Der Einsatz von langlebigen und pflegeextensiven Materialien setzt sich auch bei der Möblierung fort: Der Zaun ist aus Lärche, die Sitzmöbel sind aus Douglasie gefertigt. Als Pflanzen finden Linden, Japanische Schnurbäume sowie Felsenbirnen Verwendung. Die Linde hat dabei auch symbolische Bedeutung. In früherer Zeit zeigte sie den Ortsmittelpunkt der Gemeinden an und wurde als Gerichtsbaum genutzt. In Brebach markiert sie in Anlehnung an die frühere Bedeutung das heute öffentliche Zentrum.

Mit der Neugestaltung vereint der Platz mehrere Funktionen: Er ist Verkehrsfläche für Fußgänger, Treffpunkt für Anwohner und Veranstaltungsort für den Stadtteil. Im Wechsel der Nutzungen nimmt er als Ort der Ruhe und Gelassenheit, aber auch als städtische Bühne verschiedene Charaktere an. Für den „neuen zentralen Begegnungsraum ist die Wertschätzung bei der Bürgerschaft deutlich zu spüren". (Matthias Holzapfel)

Projektort_Saarbrücken-Brebach, Saarland

Planung und Realisierung_2003 – 2007

Planungsverfahren_direkte Bauftragung

Bauherr_Landeshauptstadt Saarbrücken, vertreten durch das Baudezernat

Landschaftsarchitektur_baubar | urbanlaboratorium, Saarbrücken

Ingenieurbau_IB Tobien+Partner, Saarbrücken

Tief- und Landschaftsbau_TSG GmbH, Völklingen

Stahl- und Holzbau_Riehm GmbH, Lebach

Grundfläche_0,2 Hektar

Baukosten_375.000 €

04__Platz für Kommunikation und Aufenthalt.

05__Der aus Lärche gefertigte Zaun mit dem Schriftzug „Brebach" stärkt die Identifikation der Bewohner mit ihrem Stadtteil.

01__Die Assoziation zur Schorfheide wurde in Berlin-Marzahn zum planerischen Leitbild.

Assoziationen einer Landschaft
Stadtumbau im Schorfheideviertel, Berlin

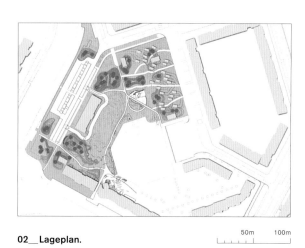

02__Lageplan.

50m   100m

03__Als Trophäen des gelungenen Planungsprozesses entwarfen Anwohner gemeinsam mit einem Künstler in Beton gegossene Hirschskulpturen.

Anfangs war es die unergiebige Suche nach Identität, die zu Assoziationen anregte. Die Aufgabe, wie sie heute häufiger vorkommt: mit den Mitteln der Landschaftsarchitektur die Stadt dort zusammenzuhalten, wo sie baulich in Auflösung begriffen ist. Ort des Handelns: das Schorfheideviertel am Stadtrand von Berlin-Marzahn, unmittelbar an der Grenze zu Brandenburg gelegen. Die handelnden Personen: ein Landschaftsarchitekturbüro gemeinsam mit jungen Studierenden, Mitarbeitern, Projektpartnern. Der zuständige Stadtrat und sein Stab. Das örtliche Quartiersmanagement. Die Wohnungsbaugesellschaft, die durch Umbaumaßnahmen in der Nachbarschaft Begehrlichkeiten geweckt hatte. Vereine mit ihren Aktivisten, die örtlichen Kindertagesstätten. Und die Bürger, teils organisiert in einem Quartiersrat, teils einfach nur vor Ort wohnend. Noch wohnend. Denn einige Wohnblöcke im Plattenbauquartier Marzahn NordWest sollten zurückgebaut, also abgerissen werden. Die Stimmung war zu Beginn des Projektes nicht sehr freundlich.

Seit 1999 wird in Berlin mit dem Programm „Soziale Stadt" versucht, die Situation in ausgewählten Stadtteilen zu verbessern sowie bestehende Anliegen der lokalen Akteure zu stärken. Der Stadtteil Marzahn NordWest mit dem Schorfheideviertel gehört zur Kulisse dieses Programms, das hier vor allem den Abriss nicht mehr benötigten Wohnraums kompensieren soll. Gesucht werden neue Nutzungen für frei werdende Grundstücke.

Das Interesse der Anwohner an Mietergärten, Freiflächen für Kinder und vielen anderen guten Ideen blieb gering. Also begannen alle Akteure, darunter mehr als 200 Anwohner und Vertreter von ansässigen Initiativen und Vereinen, im Rahmen eines öffentlichen, mehrstufigen Charretteverfahrens nach den eigentlichen Stärken dieses Quartiers zu suchen. Bald fiel auf, dass nicht nur der Name das Viertels an die brandenburgische Landschaft der Schorfheide erinnert, sondern Brandenburg auch ganz nah ist. Die Stadtrandlage mit S-Bahn-Anschluss wurde als Stärke identifiziert. So bot plötzlich die im Gespräch

04__Angeschüttete Hügel geben der durch den Abriss von Wohnblöcken entstandenen Weite Halt.

05__In Anlehnung an die Endmoränenlandschaft der Schorfheide wurden Gräser und Kiefern angepflanzt.

entstandene Assoziation der Schorfheide eine Entwurfsidee, ein planerisches Leitbild.

Das Schorfheideviertel als in der Landschaft liegend und nicht mehr als dichte Stadt mit Wohnhöfen zu denken, führte letztlich zu einer neuen Akzentuierung des Raums. Hügel (die Schorfheide ist eine Endmoränenlandschaft) wurden angeschüttet. Sie konnten der neuen Weite Halt geben. Kiefern und Gräser wurden auf die Hügel gepflanzt (die Schorfheide ist ein großes Waldgebiet). So entstand mit wenigen, naheliegenden Mitteln eine assoziationsreiche Landschaft, die zugleich pflegeextensiv und attraktiv ist. Die bis zu drei Meter hohen Hügel entstanden nicht nur auf Abrissflächen, sondern auch auf bisherigem Straßen- und Parkplatzraum.

Die Assoziationen reichten jedoch weiter. Hirschskulpturen und die sogenannten Multifunktionsboxen (in der Schorfheide, Staatsjagdgebiet der DDR, jagten Erich Honecker und Genossen auf Rotwild und Muffel) entstanden quasi als Trophäen des gelungenen Planungsprozesses. Schüler des „Kinderkellers" und benachbarter Schulen sowie Anwohner entwarfen gemeinsam mit dem Künstler Jörg Schlinke Hirsche, von denen vier schließlich in Lebensgröße realisiert wurden. In der Schorfheide gossen die Landschaftsarchitekten, der Künstler und Familien aus dem Schorfheideviertel gemeinsam die Betonskulpturen in brandenburgischem Boden.

Die sogenannten MuFu-Boxen sind praktisch gedacht. Wie eine Herde Muffelschafe über die neue Freifläche verteilt, bieten diese umfunktionierten Fertiggaragen neue Aneignungsräume. Garagen waren tatsächlich der am häufigsten geäußerte Wunsch der Anwohner. Diese konkrete Mieternachfrage überraschte auch die Wohnungsbaugesellschaft. Nun sind die Boxen so im Gelände verteilt, dass sie nicht einen Garagenhof, wohl aber Keimzellen der Nutzung der frei gewordenen Flächen bilden. Um diese Garagen herum, so die Idee, wird sich das Wochenendleben mit Grillen, Treffen, Hobbys und Ausruhen abspielen. Nachbarschaftsstreit nicht ausgeschlossen. Aber der gehört zur Aneignung einer Fläche dazu, als Zeichen der Übernahme von Verantwortung.

06__Wie eine Herde Muffelschafe verteilen sich sogenannte MuFu-Boxen (Multifunktionsboxen) über die Freifläche.

Projektort_Berlin-Marzahn

Planung und Realisierung_2007 – 2010

Planungsverfahren_Auswahlverfahren, Charretteverfahren

Bauherr_Bezirk Marzahn-Hellersdorf; Quartiersmanagement Marzahn NordWest (Auftraggeber Charette); degewo Wohnungsbaugesellschaft (Auftraggeber Umsetzung); Land Berlin

Landschaftsarchitektur_Gruppe F, Berlin

Kunst_Jörg Schlinke, Schwasdorf (Hirschskulpturen)

Garten- und Landschaftsbau_Fa. Bel Garden Garten- und Landschaftsbau GmbH, Berlin (1. BA); Fa. Bernd Fiedrich Garten- u. Landschaftsbau, Nauen (2. BA); Fa. Brandenburg GmbH, Berlin (3. BA)

Grundfläche_1 Hektar

Baukosten_853.000 €

01__Durch die Entwicklung des Stadtteilparks Rabet wurde die Freiflächenversorgung der anliegenden Quartiere verbessert.

Stadt weicht Park stärkt Stadt

Stadtteilpark Rabet, Leipzig

02__Lageplan.

100m   200m

Nicht nur Kinder und Jugendliche zieht es in den Rabet-Park. Doch besonders für diese macht der „neue" Park besondere Angebote. Im Rahmen des von der Stadt Leipzig erarbeiteten „Konzeptionellen Stadtteilplans" (KSP) wurde der Stadtteilpark Rabet durch eine Umgestaltung und Erweiterung qualifiziert. Der Park wertet die Stadtteile im Osten Leipzigs auf. Diese seit den 1960er Jahren entstandenen Stadterweiterungen, die Ausdruck der Dynamik der Messestadt Leipzig waren, sind heute Handlungsfeld fortschrittlicher Ansätze der Freiraumentwicklung im Rahmen des Programms „Stadtumbau Ost". Die vielerorts im Osten und inzwischen auch im Westen Deutschlands erprobte Idee: Wenn ein Stadtviertel oder eine Wohnform nicht mehr genügend Bewohner findet, wenn die Quantitäten des Zuzugs von Wegzug oder der natürlichen Sterberate übertroffen werden, eine Stadt also schrumpft, dann kann eine qualitative Aufwertung der öffentlichen und halböffentlichen Räume dieser Entwicklung entgegenwirken. Gelingt dies nicht, kann mit Mitteln der Freiraumplanung zumindest eine Stadtkulisse zusammengehalten werden.

Beim Stadtteilpark Rabet entschied man sich für den zweiten Versuchsansatz: Die Stadt bleibt Stadt, indem sie in Teilen zum Park wird.

Im Stadtteilplan Leipzigs mit seinem Geltungsrahmen bis 2020 sind langfristige räumliche Visionen, kurzfristige Handlungsschwerpunkte und ein Orientierungsrahmen für Bewohner und Investoren festgeschrieben. Der Stadtteilplan wurde für den Leipziger Osten in einem Leitbildplan zusammengefasst und folgt den Themen „Grüne Räume vernetzen" und „Urbane Kerne".

Die Umgestaltung des in den 1970er Jahren angelegten Stadtteilparks ist eine wichtige Maßnahme im Leitbildkonzept für den Leipziger Osten. Die Umgestaltung wurde im Rahmen des Konzeptes „Grünes Rietzschkeband" beschlossen, das wiederum Teil des „Konzeptionellen Stadtteilplans" ist. Dieses Band durchzieht den Leipziger Osten in Ost-West-Richtung. Als eine Abfolge aus unterschiedlichen städtischen Räumen wird es nicht als einheitlicher Grünzug, sondern als Sequenz unterschiedlicher Freiraumqualitäten betrachtet, mit deren Hilfe das Freiflächenangebot für die Bewohner der anliegenden Quartiere verbessert wird. In diesem Zusammenhang ist der Stadtteilpark Rabet ein wichtiger Baustein im großen zusammenhängenden Park raum des Leipziger Ostens.

Für die Entwicklung eines gestalterischen und funktionalen Gesamtkonzeptes lud die Stadt Leipzig zehn Landschaftsarchitekturbüros ein. Gefordert waren innovative Ideen für eine Vergrößerung des Parks.

03__Entstanden ist eine klassische, großzügige Parkanlage.

04__Der Park verbindet landschaftliche Elemente mit einzelnen urbanen Akzenten.

05__Ein „Aktivband" auf brombeerfarbenem Asphalt durchzieht den Park mit unterschiedlichen Angeboten für Spiel und Sport.

06__Während der Planung fand eine intensive Beteiligung der Anwohner statt, vor allem der Kinder und Jugendlichen.

07__Mit der Neugestaltung des Stadtteilparks gelang die Aufwertung der benachbarten Wohnquartiere.

08__Der Stadtteilpark Rabet ist ein wichtiger Baustein im großen zusammenhängenden Freiraumband des Leipziger Ostens.

Die Grundidee des prämierten Entwurfs der Landschaftsarchitekten Lützow 7, Berlin, ist die Schaffung einer klassischen, großzügigen Parkanlage. Für die Erweiterung der Parkfläche wurden Wohnbauflächen mit hohem Leerstand und erheblichem Verfall abgerissen und die Grundflächen zu öffentlichen Grünflächen umgewidmet. Auf der so erweiterten Freifläche konzentrieren sich Baum- und Strauchpflanzungen in den Randbereichen, so dass im Inneren ein offener Parkraum entstand. Ein „Aktivband" auf brombeerfarbenem Asphalt durchzieht auf einem Kilometer den Park mit unterschiedlichen Angeboten für Spiel und Trendsportarten.

Die Neugestaltung des Stadtteilparks Rabet hatte mit der Entwicklung des Standorts für selbstgenutztes Wohneigentum auch die Aufwertung der benachbarten Wohnquartiere zum Ziel. Während des Gutachterverfahrens erfolgte eine intensive Beteiligung der Anwohner, darunter besonders der Kinder und Jugendlichen. Sie prüften die Entwürfe der Landschaftsarchitekturbüros und stellten ihre Prüfergebnisse der Jury vor. Daraus ergaben sich Erkenntnisse für die Gestaltung und Ausstattung der Spielbereiche, die nach Abwägung von Machbarkeit und Kosten umgesetzt wurden. Und so stellen sich heute der offene Jugendtreff der Stadt Leipzig und ebenso viele Immobilienangebote der Nachbarschaft als „mitten im schönen Park Rabet gelegen" vor.

Projektort_Leipzig-Volkmarsdorf, Sachsen

Planung und Realisierung_2003 – 2006

Planungsverfahren_Wettbewerb

Bauherr_Stadt Leipzig, vertreten durch das Grünflächenamt

Landschaftsarchitektur_Lützow 7 Cornelia Müller Jan Wehberg, Garten- und Landschaftsarchitekten, Berlin

Städtebauliche Rahmenplanung_Konzeptioneller Stadtteilplan KSP

Sanitärplanung_IKJ, Klaus Jurytko, Berlin

Garten- und Landschaftsbau_Fa. Müller, Leipzig; BAfU HEYNE GmbH, Leipzig; Serfling Gala-GmbH, Wurzen; Kupsch, Kühren-Burkartshain

Grundfläche_8 Hektar

Baukosten_4,6 Millionen €

01__Ob diese Gärten in Berlin-Köpenick mehr sein können als eine Zwischennutzung, wird letztlich davon abhängen, ob die Akzeptanz der Bürger die Gärten lebendig hält.

Verwunschene Nachbarn
Garten Duett, Berlin

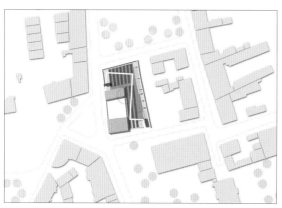

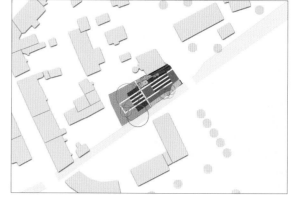

02__Lageplan Licht-Garten.

25m 50m

03__Lageplan Schatten-Garten.

25m 50m

04__Die vorhandene üppige und urwüchsige Vegetation der verwunschenen Orte blieb im Schatten-Garten größtenteils erhalten.

Es ist der Garten, der im öffentlichen Raum die Ausnahme, gleichwohl aber seine wohl schönste Form ist. Die Landschaftsarchitekten vom atelier le balto, Berlin, die sich gern als Gärtner bezeichnen lassen, halten diese Freude an Gärten aufrecht. Sie finden immer wieder Gelegenheiten, den Freiraum der Städte mittels wirklicher Gärten zu bereichern.

Leider ist das Anlegen von Gärten wie auch die Anlage von Schmuckplätzen im öffentlichen Raum in den Hintergrund geraten. Zu wenige Finanzmittel für Pflege, auch zu wenig gärtnerisch geschultes Personal bestimmen den Alltag der Gartenämter. Le balto halten offensiv dagegen und nutzen die eigene und auch die Lust der Nachbarn an Gärten (und am Gärtnern), um die Stadt mit Hilfe der Schönheit der Pflanzen zu kultivieren.

Einen Ort für ihre Art des öffentlichen Gartens fanden le balto für das „Garten Duett" im Berliner Bezirk Köpenick. Das Projekt nahm seinen Ausgang in dem 2007 von einem Verein namens stadtkunstprojekte durchgeführten Kunst- und Architekturprojekt „KAIAK – Kunst + Architektur in Alt-Köpenick". Im Auftrag der Senatsverwaltung für Stadtentwicklung Berlin und in Kooperation mit dem Bezirksamt Treptow-Köpenick wurde durch den Verein ein Wettbewerb für die künstlerische Auseinandersetzung mit brachliegenden Flächen im Stadtraum ausgelobt.

Die Landschaftsarchitekten Véronique Faucheur, Marc Pouzol und Marc Vatinel schauten sich für den Wettbewerb im Bereich der Altstadt Köpenicks nach vernachlässigten und unzugänglichen Brachen um. Sie fanden zwei kleine Höfe, die aus dem Stadtraum nicht eingesehen werden können.

Inspiriert von den Lichtverhältnissen, einem in der Abendsonne strahlenden Hof und einem durch zwei Rotbuchen verschatteten Hof, machten sie Licht und Schatten zum Thema für ihr „Gartenkunst"-Projekt. Entstanden ist ein Rückzugsort und zugleich ein neuer Anziehungspunkt für die historisch geprägte Köpenicker Altstadt.

Neben einer Jury aus Fachexperten haben sich vor allem die Bürger in einer inoffiziellen Jury für diesen Entwurf stark gemacht. Die für die städtebauliche Struktur Alt-Köpenicks typischen L-förmigen Grundrisse übertrugen die Gartenkünstler in Gärten. Der „Licht-Garten" ist von einer vorhandenen Mauer umgeben, die dem Garten seine räumliche Fassung gibt. Dem sonnigen Standort entsprechend wurden vor allem Pflanzen gesetzt, die das Licht lieben. Hingegen wird der „Schatten-Garten" von seiner Lage am Kiezgraben geprägt. Entstanden ist ein Steg, der auf das Wasser ragt und es zugänglich macht. Die üppige und urwüchsige Vegetation dieses verwunschenen Ortes blieb ansonsten erhalten.

In beiden Gärten versetzen Elemente des Nutzgartens den Besucher in den Zustand des Quasi-Hausherrn. Erhöhte Wege und Stege lenken durch die Gärten und lassen den Eindruck einer erhabenen Position entstehen. Der erhöhte Stand „schärft den Blick des Betrachters auf die entstandenen Gärten und die Umgebung", so Marc Pouzol.

05__Die als Gärten angelegten Brachflächen bereichern den Freiraum Köpenicks.

06__Mit dem Licht- und dem Schatten-Garten entstanden in Köpenick sowohl Rückzugsorte als auch neue Anziehungspunkte in der historisch geprägten Altstadt.

07__Elemente eines Nutzgartens versetzen den Besucher in den Zustand eines Quasi-Hausherrn.

Nicht nur die Lichtstimmungen unterscheiden die beiden Gärten voneinander, sondern auch ihre ganz unterschiedlichen Geschwindigkeiten. Der „Licht-Garten" ist offener und damit schneller begehbar, während man sich im engeren „Schatten-Garten" automatisch langsamer bewegt. Auf dem Steg über dem Kiezgraben kommt der Besucher dann zum Stehen, hält inne. Beide Gärten sind keine Massenwerbung, sondern quasi intimer öffentlicher Raum.

Von Beginn des Projektes an wurden die Anwohner Köpenicks gedanklich in die Gestaltung der beiden Gärten einbezogen. Beide Gärten können langfristig von den Anwohnern genutzt, aber auch gepflegt werden. Deshalb sind die Künstler auch zwei Jahre nach der Realisierung ihrer Arbeit vor Ort, pflegen die Gärten selbst und führen Gespräche mit Anwohnern und Besuchern.

Das „Garten Duett" erschließt den Köpenickern und ihren Besuchern zwei Orte in ihrer Altstadt in einer Art, die Veränderungen beispielsweise anhand des Wechsels der Jahreszeiten erlebbar macht. Ob diese Gärten mehr sein können als eine Zwischennutzung brachliegender Flächen, wird letztlich allein davon abhängen, ob die Akzeptanz der Bürger die Gärten lebendig hält. Dies zu beeinflussen, obliegt ebenfalls der Kunst der Gärtner.

Projektort_Berlin-Köpenick

Planung und Realisierung_2006 – 2007

Planungsverfahren_Wettbewerb

Bauherr_stadtkunstprojekte e. V. im Auftrag der Berliner Senatsverwaltung für Stadtentwicklung und in Kooperation mit dem Bezirksamt Treptow-Köpenick von Berlin

Landschaftsarchitektur_atelier le balto, Berlin

Bauausführung_atelier le balto mit der Unterstützung von 15 Studenten und Absolventen verschiedener internationaler Universitäten für Landschafts- und Gartenarchitektur; Jan Becker Garten- und Landschaftsbau, Berlin

Grundfläche_Schatten-Garten 800 Quadratmeter, Licht-Garten 900 Quadratmeter

Baukosten_100.000 €

01__Besondere Materialien markieren besondere Orte – hier das Holzdeck am Lloydplatz.

Material und Klima
Havenwelten, Bremerhaven

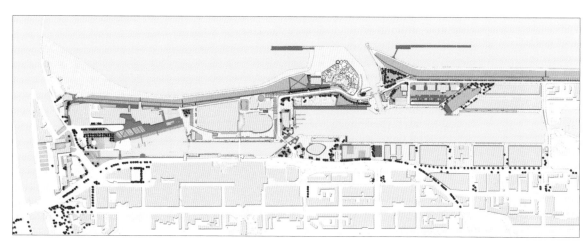

02__Lageplan.

N 100m 200m

03__Mit der Neugestaltung des Alten und Neuen Hafens ist der Ort zur Adresse einer Innenstadterweiterung mit maritimer Prägung geworden.

Alte Hafengebiete werden zu neuen Lebensräumen, nicht nur in Bremerhaven. Dort sind die parallel zur Weser liegenden beiden ältesten Hafenbecken der Stadt, der Alte und der Neue Hafen, zur Adresse einer Erweiterung der Innenstadt mit maritimer Prägung geworden.

Was diese Stadtentwicklung auszeichnet, ist die fast beiläufige Verklammerung und Akzentuierung der Kulisse aus neuen Gebäuden und alten Hafenanlagen durch einen neu gestalteten Freiraum. Dieser hält das Ensemble entlang der Wasserkante zusammen. Es sind dabei die nicht auf den ersten Blick sichtbaren Entwurfsideen, die diesen Zusammenhalt schaffen. Beispielhaft ist die Verwendung der Materialien für den Bodenbelag, vor allem die flächigen Holzdecks im Kontrast zu dem Natursteinteppich aus gebrauchtem, teils gesägtem, teils rauem Großsteinpflaster. Verbindend wirkt auch das Lichtdesign. Die der Dimension der Hafenkrane angepassten, also sehr großen Lichtmasten mit Leuchtenausle-

gern schaffen eine dominante, industriell-serielle Lichtinszenierung, die den Ort über den Tag hinaus in Erinnerung hält.

Um das Deutsche Schifffahrtsmuseum mit dem Klimahaus, dem Europacenter und der Debeg-Halle wächst in Bremerhaven ein maritimes Stadtzentrum heran. Eine Mischung aus Tourismus, Kultur, Freizeit, Wohnen, Handel und Gewerbe zieht Beschäftigte wie Besucher, Nutzer und Neugierige an. Es entsteht ein Netz aus öffentlichen Plätzen, Promenaden, einer Marina, Treppen- und Parkanlagen.

Die als Auftakt der Stadtentwicklung entstandenen Freiräume bieten vielseitige Möglichkeiten, das maritime Flair zu genießen. Durch die von den Landschaftsarchitekten Latz+Partner, Kranzberg, verwendeten Materialien und die Ausstattung der Räume sind die Erinnerungen an die historischen Hafenanlagen in den Köpfen der Besucher stets präsent.

04__Vor der derzeitigen Brachfläche, die zur Bebauung vorge-
sehen ist, schaffen Lichtmasten mit Leuchtenauslegern eine
industriell-serielle und zugleich dominante Lichtinszenierung.

05__Die Kulisse aus neuen Gebäuden und alten Hafenanlagen wird durch den Freiraum akzentuiert.

06__Neue Ruheplätze im historischen Schleusengarten gewähren Blicke auf die Schleuse, den Hafen und die Weser.

Von der Innenstadt kommend ist der Lloydplatz
im Osten des Neuen Hafens der Auftakt. In der
Sichtachse zwischen Innenstadt und dem Leucht-
turm von 1854 markiert dieser Platz den Eingang
in den Hafenbereich. Leicht angehoben und mit
einer geschwungenen Holzbank, die an Wel-
lengang erinnert und mit ihrer hochgezogenen
Rückenlehne zugleich vor Wind schützt, ist das
Holzdeck eine Reminiszenz an das raue Seeklima.

Zwischen Lloydplatz und Hafeninsel bildet
die Sommerwerft den Abschluss der Ostkaje.
Bodenbelag und Ausstattung zonieren die Kai-
anlagen. Auf gesägtem Großsteinpflaster finden
die Spaziergänger unaufdringlich gelenkt ihren
Weg um die Hafenbecken herum, während raue
Oberflächen von gebrauchtem Kopfsteinpflas-
ter gefährlichere Bereiche an der Wasserkante
signalisieren.

Von der Sommerwerft aus erreicht man über
eine Brücke die Debeg-Halle. Als Knotenpunkt
der wichtigsten Verbindungen von Stadt und
Weserdeich, dem Alten und dem Neuen Hafen
sowie dem Ost- und dem Westkai erhebt sich die
historisch bedeutsame Halle über eine erhöhte

07__Die Struktur der Flächen nimmt das Raster der Stadt auf und führt die Innenstadt bis in den Hafen.

Terrasse aus Kleinsteinpflaster und betont die zentrale Lage im Hafen.

Der Weg entlang des Weserdeichs führt am Strand vorbei bis zur Schleuse für Sportboote und Segelschiffe. Weite Ausblicke auf Schleuse, Hafen und die Weser werden von neuen Ruheplätzen im windgeformten historischen Schleusengarten hinter dem Deich gewährt. Es schließt sich entlang des Weges zum ehemaligen Lloyddock die Marina im Hafenbecken an. Heute ist das Lloyddock ein öffentlicher Freiraum, der statt mit Wasser gefüllt zu sein nun eine leicht abfallende Wiese ist.

Schwenkt der Blick über den Neuen Hafen, fallen die Stadtmöbel ins Auge: von verschiedenen Bänken, mal expressiv geschwungen, mal entlang der Kaimauer in einer Kombination aus Holz und Stein gefertigt, über die in den Boden eingelassenen Natursteinabläufe für das Regenwasser bis hin zu den Multifunktionsmasten für die Beleuchtung. Die verwendeten Materialien

charakterisieren die verschiedenen Plätze und Kajen und vermitteln eine starke Identität der einzelnen Orte. Besonders in den Abendstunden, wenn der Hafen in Licht getaucht ist, ist die einzigartige Atmosphäre spürbar.

Projektort_Bremerhaven, Bremen

Planung und Realisierung_2001 – 2009

Planungsverfahren_Vergabe nach VOL (Verdingungsordnung für Leistungen)

Bauherr_BEAN Bremerhavener Entwicklungsgesellschaft Alter/ Neuer Hafen mbH & Co. KG, Bremerhaven

Projektsteuerung_BIS Bremerhavener Gesellschaft für Investitionsförderung und Stadtentwicklung mbH, Bremerhaven

Städtebauliche Rahmenplanung, Freiraumplanung, Lichtplanung_ARGE Latz + Partner, Kranzberg (Planung); Latz · Riehl · Partner, Kassel (Ausschreibung, Bauleitung)

Architekturbeleuchtung_Gerd Pfarré Lighting Design, München

Wichtigste Ausführungsfirmen_Fa. Benning, Münster; Fa. Geidel, Bremerhaven; Fa. Kipp, Bremerhaven

Grundfläche_20 Hektar (davon 9,5 Hektar Freiräume)

Baukosten_22 Millionen €

01__Die Wupper wurde wieder in den Blickwinkel der Wahrnehmung gerückt.

90 Grad – der Wupper zuwenden
Umgestaltung Uferzonen, Wuppertal

02__Lageplan.

25m   50m

03__Der bisher vernachlässigte Stadtraum erfuhr durch die Gestaltung neuer Plätze und Balkone eine vorsichtige Aufwertung.

Nicht nur Angler fühlen sich wieder wohler in Wuppertal. Das Projekt „90 Grad – der Wupper zuwenden" entstand im Rahmen der „Regionale 2006", eines Entwicklungsprogramms des Städtedreiecks Remscheid, Solingen und Wuppertal. Ziel war es, mittels neuer Raumbildungen strukturrelevante kulturelle, touristische, ökonomische und städtebauliche Effekte zu stärken.

Die Entdeckung der Wasserlagen ist ein derzeit nahezu allgegenwärtiger Ansatz. Schwerin und Hamburg, Zürich und Mannheim, Leipzig, Berlin und Großräschen arbeiten wie viele andere Städte auch an ihren Uferzonen. Was das Projekt in Wuppertal auszeichnet, ist die Konsequenz, mit der nicht eine immobilienwirtschaftlich hoffnungsvolle Lage am Wasser, sondern die Bedeutung des Flusses selbst für die Stadt entwickelt wurde.

Diese Strategie knüpft an die der Internationalen Bauausstellung IBA Emscher Park an, die mit der Emscher einen Fluss zum Rückgrat einer ganzen Region machte.

Das eindrucksvolle Tal der Wupper mit der charakteristischen Schwebebahn stand anlässlich der „Regionale" im Zentrum der Betrachtung aller drei am Fluss liegenden Städte. Einst durch die Industrie ökologisch schwer belastet, war der Fluss in Wuppertal aus dem Blickwinkel der Wahrnehmung geraten. Dem Projekt „90 Grad – der Wupper zuwenden" des Landschaftsarchitekturbüros Davids | Terfrüchte + Partner aus Essen gelang mittels einer Kette öffentlicher Räume entlang der Wupper eine Vierteldrehung des Blicks auf den Fluss.

„Wir wollten den Fluss zurück in die Köpfe der Menschen holen." (Friedhelm Terfrüchte) Die bisher vernachlässigten Stadträume wurden durch neue Plätze, Balkone und einen Wupperstrand aufgewertet und zu öffentlichen Orten mit Anziehungskraft gestaltet. So gelang es, Wuppertal als Stadt am Fluss wahrnehmbar zu machen und dadurch die Lebensqualität in der bergischen Metropole zu verbessern.

Das Hinführen zum Wasser, das Schaffen von Querbezügen sowie eine intensive Verknüpfung des Wupperraums mit den angrenzenden Stadträumen war die Grundidee des Entwurfs. Der besondere Wert bestand in der Möglichkeit einer konkreten Mitgestaltung der einzelnen Teilbereiche durch die Anwohner. So entstanden bisher sieben unterschiedliche Räume mit ganz eigenen Atmosphären wie beispielsweise ein Strand des Erlebens, Erfahrens und Spürens in leicht abgeschiedener städtischer Lage.

Mit seinen vielseitigen Nutzungsmöglichkeiten ist der Strand heute ein weithin bekannter Anziehungspunkt innerhalb der Stadt. Ein weiterer Aufenthaltsort entstand an der Uferböschung der Wupper. Auf einem Balkon schwebt eine dem Fluss zugewandte Bank und lädt zum Verweilen ein.

Am South-Tyneside-Ufer wurden punktuell kleine, von Gabionenwänden gefasste Plätze entwickelt, die das Herantreten an die Wupper ermöglichen. Drehstühle lassen am Hartmann-Ufer das Wupperpanorama erlebbar werden. Durch die Neugestaltung des Ufers kann der bisher weit-

04__Anwohner hatten die Möglichkeit, bei der Gestaltung einzelner Teilbereiche mitzuwirken.

05__Der flache Uferzugang führt direkt an den Fluss heran.

06__Verschiedene Orte mit eigener Atmosphäre entlang der Wupper machen die Uferzone wieder erlebbar.

gehend im Verborgenen gelegene Charakter der Wupperinsel wieder erfahren werden. Treppen am Beer-Sheva-Ufer führen die Besucher direkt an die Wupper heran. Punktuell entstanden weitere neue Aufenthaltsmöglichkeiten wie Logen oder Podeste.

Der Schoolwalk ist ein besonders intensiv genutzter Raum mit hoher Anziehungskraft. Ein 120 Meter langes farbiges Band führt von der Berufsschule Am Haspel bis an die Wupper. Hier trifft sich die nationale Skaterszene. Planungsziel war dies nicht, es zeigt aber am Beispiel dieser Teilöffentlichkeit, dass schon durch kleine Maßnahmen Orte geschaffen werden können, die eine große Akzeptanz erzeugen, indem aus einer Szeneaufmerksamkeit eine allgemeine Akzeptanz bis hin zu einer Art Markenzeichen wird.

Der Ansatz der „90-Grad-Idee" liegt im Wechsel der Perspektiven, der oftmals ausreicht, um eine alltägliche Situation in einen neuen Blickwinkel zu rücken. „Baukultur bedeutet auch, den Blickwinkel zu verändern, den eigenen, aber auch den von anderen. Der öffentliche Raum in der Stadtlandschaft ist eine Bühne für die Menschen, nicht für den Architekten." (Friedhelm Terfrüchte)

Projektort_Wuppertal, Nordrhein-Westfalen

Planung und Realisierung_2004 – 2008

Planungsverfahren_Wettbewerb

Bauherr_Stadt Wuppertal

Landschaftsarchitektur_Davids | Terfrüchte + Partner, Essen

Gründungsberatung/Tragwerksplanung_IGW Ingenieursgesellschaft für Geotechnik mbH, Wuppertal

Landschaftsbau_Benning GmbH & Co. KG Landschaftsbau – Straßenbau, Münster-Roxeli; Jakob Leonhards Söhne GmbH & Co., Wuppertal; Aenstoots Garten- und Landschaftsbau GmbH, Bottrop

Stahlbau_Zoth GmbH & Co. KG, Westernohe; Alfred Hupprich Stahlbau, Sinzig-Bad Bodendorf; Frenken & Erdweg GmbH, Heinsberg-Dremmen

Grundfläche_1,45 Hektar

Baukosten_2,14 Millionen €

01__Eine „aktive Aneignung" des Freiraums ist zum Ausdruck der postindustriellen Arbeits- und Freizeitgesellschaft geworden.

Öffentlicher Raum als Visitenkarte der Stadt
Jungfernstieg, Hamburg

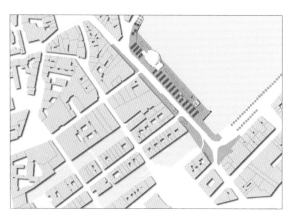

02__Lageplan.

100m   200m

Alleine? In Gruppen? Distanziert oder – auch dies ist heute im öffentlichen Raum denkbar – annähernd intim? Die Freiräume der Städte sind immer mehr zu Orten der Entspannung in kollektiver Vereinzelung geworden. Die Stadtsoziologin Martina Löw macht darauf aufmerksam, dass heute die eine bis wenige Personen umfassende Minigruppe sich gern im öffentlichen Raum zeigt, entspannt oder ihn aktiv für sich einnimmt. In der europäischen Gesellschaft, in der einst Blässe als vornehm und städtisch galt, weil sie zeigte, dass man nicht körperlich im Freien arbeiten musste, ist – und isst – man heute gern aktiv im Freien und sieht sich dabei zu. Diese „aktive Aneignung" des Freiraums ist zum Ausdruck der postindustriellen Arbeits- und Freizeitgesellschaft geworden. Einer der beispielhaftesten Orte dieser Entwicklung ist der Jungfernstieg in Hamburg.

Die Neugestaltung des Jungfernstiegs an der Alster ist zweifellos ein bürgerliches – und auch bürgerschaftlich finanziertes – Repräsentationsprojekt. Der neue Jungfernstieg ist auf hanseatische Art edel, ohne jedoch exklusiv zu sein. Hier treffen sich Touristen und Hamburger, Schüler und Rentner, Business-Class-Helden und Freizeitverbringer zum kollektiven Pause-Machen.

Schon im 19. Jahrhundert zählte der Jungfernstieg zu den berühmtesten Prachtmeilen Deutschlands. Er wurde bereits 1665 als Promenade an der Binnenalster angelegt. Die langjährige Entwicklung und vor allem die vielfachen Neumöblierungen der letzten Jahrzehnte hatten längst zu einer Unübersichtlichkeit vor Ort geführt. Als WES & Partner gemeinsam mit dem Architekten André Poitiers, der für einen neuen Pavillon und neue U-Bahn-Zugänge sorgte, die Neugestaltung dieses Ortes in Angriff nahmen, mussten sie die eigentliche Wasserlage erst einmal freiräumen.

Heute ist die Promenade neu gegliedert. Alle Funktionen blieben erhalten und wurden, wo immer möglich, räumlich geschickt überlagert. Dezente Markierungen im Bodenbelag schaffen Orientierung, während alle Funktionsflächen durch einen hellbeigen Kunststein miteinander verbunden sind. Vor allem aber entwarfen die Landschaftsarchitekten den Ort entsprechend seiner eigentlichen Bedeutung: Am Ufer sitzend und auf die Alster schauend, die Stadt im Rücken, dominieren heute die Menschen den öffentlichen Raum am Jungfernstieg.

Eine großzügige Freitreppe zur Alster hinunter gibt den generösen Rahmen vor. Der Raum selbst ist zwar durch die verwendeten Materialien (Treppenstufen aus sandsteinartigem Farbbeton und kleine Holzauflagen, die die Stufen gliedern) veredelt worden, tritt aber nicht in den Mittelpunkt. Die auf den Stufen auflagernden Holzbänke lassen sich verschieben. So verändert sich immer wieder das Bild des Ortes, wenn Besucher sich und die Bänke neu positionieren.

Als eigentlichen Blickfang setzt dieser Treppenraum die Alster in Szene. Der Blick geht über die Nachbarn hinweg zur Wasserfontäne, zu den Alsterkähnen und Schwänen, zu den Fassaden der Stadtpaläste entlang der angrenzenden Ufer.

03__Der Jungfernstieg in Hamburg ist edel, ohne exklusiv zu sein.

04__Die auf den Stufen auflagernden Holzbänke können verschoben werden, wodurch sich das Bild des Ortes immer wieder ändert.

05__Heute dominieren Menschen den öffentlichen Raum an der Alster.

06__Dezente Markierungen im Bodenbelag schaffen Orientierung.

07__Mit dem Re-Design ist der Jungfernstieg zu einem Ort des Flanierens, Schauens, Präsentierens und Erlebens geworden.

Entlang des Straßenzugs schafft eine dreiachsige Allee aus Silberlinden eine Verbindung zwischen Stadt und Uferzone. Die Bäume selbst wirken aufgrund ihres Wuchses und ihrer klein strukturierten Belaubung nicht trennend, sondern eher wie ein durchsichtiger Schleier zwischen Straßenraum und Wasserlage.

Der 1953 von Ferdinand Streb erbaute Alsterpavillon als Zeitzeugnis der Nachkriegsmoderne fügt sich heute wie selbstverständlich in die umgestaltete Anlage ein. Zusätzlich kam ein neuer Alsterpavillon hinzu, ein stereometrischer gläserner Kubus.

Mit dem konsequenten Redesign ist der Jungfernstieg zu einem Ort des Flanierens, Schauens, Präsentierens und Erlebens geworden. Und der neue Jungfernstieg zeigt, wie mit bestem Design der öffentliche Raum zur Visitenkarte der Stadt und zugleich zu einem Okular auf das gesellschaftliche Selbstbild wird.

Projektort_Hamburg

Planung und Realisierung_2002 – 2006

Planungsverfahren_Internationaler Wettbewerb

Bauherr_ Freie und Hansestadt Hamburg; Lebendiger Jungfernstieg e. V., Hamburg

Landschaftsarchitektur_WES & Partner Schatz Betz Kaschke Wehberg-Krafft Landschaftsarchitekten, Hamburg, Oyten, Berlin

Architektur_André Poitiers Architekt RIBA, Hamburg

Ingenieurbau_Masuch + Olbrisch Ingenieurgesellschaft für das Bauwesen, Hamburg

Beratung_Assmann Beraten + Planen, Hamburg

Lichtplanung_Ulrike Brandi Licht, Hamburg

Garten- und Landschaftsbau, Tiefbau_Wiese und Suhr Garten- und Landschaftsbau, Hamburg

Beleuchtung_Philips, ABB Gebäudetechnik, Hamburg

Konstruktiver Ingenieurbau und U-Bahnausgänge_HC Hagemann, Hamburg

Leit- und Orientierungssystem_sis | sign information systems, Hamburg

Grundfläche_3,75 Hektar

Baukosten_16 Millionen €

Michael Braum

Herausforderung urbane Freiräume

„Der öffentliche Raum ist sozusagen das Grundgesetz der Stadt. Die Würde der Stadt, die sich im öffentlichen Raum verkörpert, muss unantastbar sein!"[1]

Thomas Sieverts

Mit diesem Zitat ist der besondere Stellenwert des urbanen Freiraums eindeutig beschrieben. Im Zusammenspiel mit der ihn umgebenden Bebauung prägt er den Alltag in unseren Städten, möglicherweise maßgeblicher als die Gebäude selbst. Eine baukulturelle Betrachtung muss über eine reine Stadtbilddiskussion hinausgehen. Sie beinhaltet vielmehr das Austarieren unterschiedlicher Qualitätsmaßstäbe, die – neben den gestalterischen Aspekten – Aspekte der Gebrauchsfähigkeit, der Nachhaltigkeit und der Nutzerakzeptanz umfassen. Anforderungen, die gerade in unserem öffentlichen Raum nachvollziehbar sein müssen.

Um hier baukulturelle Standards zu etablieren, muss die Balance zwischen Experiment und Norm, Erfahrungshintergrund und Angemessenheit sowie gestalterischer Verantwortung und Ansprüchen an jedem Ort neu ausgelotet werden. Nur so kann Baukultur zur selbstverständlichen Grundlage der Gestaltung des öffentlichen Raums werden.

Zu erreichen ist dies, wenn folgende Empfehlungen Eingang in die Planung urbaner Freiräume finden:

- proaktive Förderung der verwaltungsinternen ressortübergreifenden Kooperation durch grundsätzlich interdisziplinär besetzte Projektteams bei allen die urbanen Freiräume betreffenden Aufgaben,
- die Entwicklung gesamtstädtischer Freiraumstrategien, auf deren Grundlage differenzierte Gestaltungskonzepte für Einzelprojekte erarbeitet werden,
- das Ermöglichen von „baukulturellen Experimentierfeldern" für komplex gestaltete urbane Atmosphären,
- der Entwurf zeitgemäßer Freiräume, die sich bei aller Nutzungsoffenheit zugleich durch gestalterische Qualität auszeichnen,
- die offensive Vernetzung und Kommunikation der verschiedenen Akteure.

1. __ Thomas Sieverts: Die Gestaltung des öffentlichen Raums, in: Peter Klein (Hrsg.): Die Stadt – Ort der Gegensätze. Bonn, 1996. S. 162.

Zu den Aspekten im Einzelnen:

Ressortübergreifend mit projektspezifischen Zielvereinbarungen in interdisziplinären Projektteams zusammenarbeiten

Die Zuständigkeiten für die Gestaltung urbaner Freiräume verteilen sich noch immer allzu oft auf unterschiedliche Ressorts. Komplexe Aufgaben in der Gestaltung von Straßen, Parks und Plätzen werden so in verschiedenen Projektzuständigkeiten bearbeitet. Die Schwierigkeiten erhöhen sich, wenn dabei divergierende Interessen verfolgt werden, beispielsweise infolge unterschiedlicher politischer Verantwortlichkeiten.

Gerade bei der Gestaltung der urban geprägten Freiräume ist ein ressortübergreifender Dialog auf Augenhöhe von zentraler Bedeutung. Nur so kann es selbstverständlich werden, den Interpretationsspielraum von Richtlinien und Normen unter Berücksichtigung aller unterschiedlichen Anforderungen an die Gestaltung der konkreten Orte immer wieder auszuloten und projektbezogen neu zu verhandeln.

Dabei scheint es notwendig, den Einsatz von Fördermitteln für die Aufwertung des öffentlichen Raums zukünftig vom Gesamtergebnis, das heißt dem Zusammenspiel der oben genannten unterschiedlichen Ansprüche, und nicht von der Optimierung nur eines ausgewählten Teilaspekts abhängig zu machen.

Nimmt man dies ernst, müssen orts- und projektspezifische Zielvereinbarungen sektorale Einzelfallentscheidungen ablösen. Nur wenn ganzheitliche Gestaltungsabsichten für die urbanen Freiräume zu erkennen sind und gemeinsam Verantwortung übernommen wird, kann dort Baukultur entstehen.

Gesamtstädtische Strategien entwickeln, um im Zuge differenzierter Gestaltungskonzepte Verantwortung für den öffentlichen Raum zu übernehmen

Die Anforderung an die Gestaltung der urban geprägten Freiräume sind vielfältig und können anhand der folgenden Schlaglichter beschrieben werden. Als langfristig wirksames, gesamtstädtisch stabilisierendes Gerüst gewinnt der öffentliche Raum zunehmend an Bedeutung. Dies zeigen nicht nur die Beispiele des Stadtumbaus großer europäischer Städte eindrücklich.[2] Im Rahmen städtebaulicher Entwicklungen werden hier Plätze und Grünflächen in die bestehende Stadtstruktur integriert, miteinander vernetzt und dadurch Stadtteile miteinander in Beziehung gesetzt.

Gleichzeitig wird die Bedeutung städtischer Freiraumnetze infolge des Klimawandels zunehmen. Auf Grundlage lokaler Potenziale werden Anpassungsstrategien erforderlich, die heute schon verantwortlich auf die Folgen des Klimawandels für unsere Städte reagieren. Grundsätzlich bedingt die Gestaltung des öffentlichen Raums zwangsläufig die Auseinandersetzung zwischen Bestehendem und Neuem. Qualitäten entstehen im Allgemeinen nur im Zuge differenzierter Veränderungen des Bestands in Verbindung mit einer zeitgemäßen Gestaltung. Eine besondere Herausforderung stellt dabei die Integration von Verkehrsinfrastrukturen dar.[3]

Derartig komplexe Aufgaben erfordern strategische Planungsmethoden. In Ergänzung zu den formellen Planungen zeichnen sich zukunftsfähige Instrumente durch ein prozessorientiertes Aufzeigen von Entwicklungsmöglichkeiten aus. Sie sind – die verschiedenen Aspekte berücksichtigend – als Szenarien angelegt, notwendigerweise dialogorientiert.

Schaffen von Experimentierfeldern für komplex gestaltete urbane Atmosphären

Richtlinien dienen der Gefahrenabwehr. Zu Gestaltungsregeln erhoben, führen sie zu einer normierten und monofunktional angepassten Ausführung. Die Vielzahl an Regeln betrachtet nur jeweilige Teilaspekte im komplexen Gefüge der Gestaltung urban geprägter Freiräume. Häufig erschwert dies eine dem Ort angemessene Lösung. Im Regelfall werden lediglich die funktionalen Ansprüche der unterschiedlichen Infrastrukturen optimiert. Anstelle einer sektoralen Optimierung muss zunächst über ein atmosphärisches, gebrauchsfähiges und gestalterisch anspruchsvolles Ganzes nachgedacht werden.

2. __ Vgl. Beitrag Lisa Diedrich Seite 56 in diesem Band.
3. __ Vgl. dazu: Olaf Bartels, Michael Braum (Hg.): Wie verkehrt die Baukultur? Fakten, Positionen, Beispiele. Basel, Boston, Berlin, 2010.

Dazu bedarf es „Experimentierräume", in denen sich Baukultur entwickeln kann. Prozesse, in denen Regelwerke als Leitlinien verstanden werden und in denen ein interdisziplinärer Dialog an die Stelle ihrer reinen Ausführung tritt. Problemlösungen müssen weniger als die Erfüllung von Regeln, sondern vielmehr als die Bündelung von Kompetenzen verstanden werden, die gestalterische Potenziale freisetzen.

Zeitgemäße Freiräume entwerfen, die bei aller Nutzungsoffenheit auch gestalterische Qualitäten aufzeigen

Urbane Freiräume unterliegen einer Vielzahl von Ansprüchen, die deren Gestaltung zwar prägen, von den Entwerfenden jedoch häufig nicht abschließend beeinflusst werden können.

In den städtisch geprägten Freiräumen ist zunehmend das unmittelbare Nebeneinander von Dynamik und Stagnation, von Geplantem und Ungeplantem, von Wachstum und Schrumpfung festzustellen. Damit rückt der nicht eindeutig mit Nutzungen belegte Raum in den Fokus des stadtentwicklungspolitischen Interesses, verstanden als Territorium, das entdeckt, erobert, bezwungen und ausprobiert werden will.

Nimmt man sich dieser Aufgaben an, gilt es, reflexive Entwurfsmethoden zu praktizieren, die sich durch ein strukturelles Herangehen auszeichnen, aus dem das Notwendige, aber Essenzielle für den spezifischen Ort erkennbar wird und Fragen der Stadtgestaltung zunächst in den Hintergrund treten. Derartig handlungsorientierte Planungsüberlegungen können in der Auseinandersetzung mit dem Bestehenden zu überraschenden Lesarten des Ortes führen. Flexibilität und Wandelbarkeit charakterisieren die so entstehenden „Möglichkeitsräume"[4].

Die daraus resultierende Entwurfsmethode der „unfertigen Gestaltung" zielt auf eine Freiraumentwicklung ab, die in einem sich verdichtenden Prozess lokale Ressourcen und verschiedene Akteursinteressen mit komplementären Maßnahmen verknüpft. Das Experiment der sukzessiven Verdichtung von Aktivitäten und Programmen ergänzt den klassischen Entwurf. Gerade wegen

der angestrebten Offenheit handlungsorientierter Konzepte gilt es dabei jedoch, die Kompetenz der entwerfenden Disziplinen zu nutzen, um baukulturelle Qualität zu sichern, die Wertschätzung vermittelt und Identität stiftet.

Die verschiedenen Akteure vernetzen, damit Dialogkultur in die Planung einzieht

Die Akteure im Prozess der Stadtentwicklung sind vielfältiger geworden. Privates Engagement gewinnt an Bedeutung. In Abhängigkeit vom Projektzuschnitt etablieren sich neue Kooperationsstrukturen. Projektentwickler, Gewerbetreibende, Anwohner, Zwischennutzer bilden ganz unterschiedliche Interessengruppen.

Es muss eine von der Gesellschaft getragene Debatte darüber geführt werden, was uns der öffentliche Raum wert ist und wie weit der Staat sich aus seiner Verantwortung für Qualität und Pflege zurückziehen darf.

Mit der Veränderung der Akteure verändert sich die Rolle der Verwaltung und Politik. An Standorten mit einer hohen Nachfrage ist die öffentliche Hand primär für das Aufzeigen von Entwicklungskorridoren verantwortlich, während sie an Orten mit einer schwachen Nachfrage eine aktive Rolle als Impulsgeber einnimmt. Dies zu unterscheiden und auf die spezifischen Orte zu übertragen, ist eine der herausragenden Aufgaben einer zeitgemäßen Stadtentwicklungspolitik.

Mit der Komplexität der Herausforderungen steigt die Bedeutung professioneller Moderationen von Planungs- und Entwurfsverfahren. Nur im Zuge angemessener Prozessgestaltungen kann eine zielführende Kommunikation zwischen den beteiligten Akteuren gelingen. Aus diesem Grunde müssen zeitgemäße Moderationsverfahren selbstverständlich Eingang in die kommunale Praxis finden.

Private Akteure, ob Einzelhändler, Kulturschaffender, Investor oder Raumbesetzer, sind zunehmend aufgefordert, Initiativen zu entwickeln. Die Planungsverantwortlichen müssen dafür Spielräume aufzeigen, die einer dem Gemeinwohl verpflichtenden Planung entsprechen. Hier gilt es, verantwortungsbewusst miteinander umzugehen.

---

4. __ So nannte Robert Musil die Denkweise, bei der das, was sein könnte, nicht weniger wichtig genommen wird als das, was ist.

Planer und Entwerfer sollten Lösungen vorschla-
gen, die konkret genug sind, um einen konstruktiven Dialog zwischen den unterschiedlichen
Akteuren zu ermöglichen, jedoch gleichzeitig
offen genug für Interpretationen sind, damit sie in
der Auseinandersetzung mit den einzelnen Interessengruppen im Prozess gestaltbar bleiben.

Ganzheitliches Denken quer zu den Disziplinen
muss gerade bei urbanen Freiräumen zum selbstverständlichen Bestandteil jedes Projekts avancieren.
Nur so kann Baukultur zum gemeinsamen Projekt
werden, das Konkurrenzen hintenanstehen lässt.

Aus diesem Grund ist die Verfahrenstrans-
parenz gegenüber der Öffentlichkeit von imma-
nenter Wichtigkeit. Sie erfordert den frühzeitigen
und kontinuierlichen Dialog zwischen Planenden
und Nutzenden sowie mit unterschiedlichen
betroffenen Interessengruppen. Im Rahmen eines
derartigen Dialogs muss es weniger um das (spä-
te) Einholen von Stellungnahmen, als vielmehr
um die (frühzeitige) Konsultation auf Augenhöhe
gehen, um die Raumnutzer in ihrer Kompetenz
ernst zu nehmen.

Planungskultur besteht in der Dialogkultur zwischen den Disziplinen, unter den Verantwortlichen
und mit der Bevölkerung. Baukultur muss darauf
aufbauen und Qualitätsstandards für die Freiräume der Städte hervorbringen.

Für die inhaltliche Unterstützung bedankt sich die Bundes-
stiftung Baukultur bei den Teilnehmer/innen des Podiums zur
BAUKULTUR_VOR_ORT-Veranstaltung „Wie findet Freiraum
Stadt?" am 19. Oktober 2009 in Mannheim (siehe Seite 64)
sowie bei den im Folgenden aufgeführten Teilnehmer/innen des
WERKSTATTGESPRÄCH_BAUKULTUR zum Thema „Urbane
Freiräume" am 31. August 2009 in Berlin:

Volker Fuchs, Architekt und Immobilienentwickler, Gross &
Partner, Hamburg
Wolfgang Haller, Bauingenieur und Verkehrsplaner, SHP Inge-
nieure, Hannover
Almut Jirku, Landschaftsarchitektin, Bund Deutscher Land-
schaftsarchitekten BDLA, Berlin
Wolfgang Kunz, Architekt und Stadtplaner, Stadtplanungsamt
der Stadt Leipzig
Martina Löw, Soziologin, TU Darmstadt
Susanne Metz, Landschaftsarchitektin, Fachbereich Städtebau
der Stadt Mannheim
Klaus Overmeyer, Landschaftsarchitekt, studio uc, Berlin
Fritz Reusswig, Soziologe, Potsdam-Institut für Klimafolgenfor-
schung PIK, Potsdam
Jochem Schneider, Architekt und Stadtplaner, büroschneider-
meyer, Stuttgart/Köln
Lukas Schweingruber, Landschaftsarchitekt, Schweingruber
Zulauf Landschaftsarchitekten, Zürich
Sophie Wolfrum, Raumplanerin, Lehrstuhl für Städtebau und
Regionalplanung, TU München

Autoren

Ulrich Berding

Jahrgang 1971. Studium der Landschafts- und Freiraumplanung in Hannover. 1998 bis 2000 Mitarbeiter bei KoRiS, Kommunikative Stadt- und Regionalentwicklung, Hannover. Seit 2001 wissenschaftlicher Mitarbeiter am Lehrstuhl für Planungstheorie und Stadtentwicklung, RWTH Aachen. 2007 Promotion zum Thema Migration und Stadtentwicklung. Veröffentlichungen und Vorträge.

Michael Braum

Jahrgang 1953. Studium der Stadt- und Regionalplanung an der TU Berlin. 1980 bis 1996 Mitarbeiter und Gesellschafter der Freien Planungsgruppe Berlin. 1984 bis 1988 wissenschaftlicher Mitarbeiter an der TU Berlin. 1996 Gründung des Büros Conradi, Braum & Bockhorst. 2006 Gründung des Büros Michael Braum und Partner. Seit 1998 Professor am Institut für Städtebau und Entwerfen der Fakultät für Architektur und Landschaft an der Leibniz Universität Hannover. Seit 2008 Vorstandsvorsitzender der Bundesstiftung Baukultur. Veröffentlichungen zum Städtebau und zur Stadtentwicklung.

Jens S. Dangschat

Jahrgang 1948. Studium der Soziologie in Hamburg. Seit 1998 Professor für Siedlungssoziologie und Demographie an der TU Wien, Fakultät für Architektur und Raumplanung, Leiter des Fachbereichs Soziologie. Mitglied in den Executive Boards der European Urban Research Association (EURA) und des Research Committee „Housing and the Built Environment" der International Sociological Association (ISA), Ordentliches Mitglied der Akademie für Raumforschung und Landesplanung (ARL). Präsident der Österreichischen Gesellschaft für Soziologie (ÖGS).

Lisa Diedrich

Jahrgang 1965. Studium der Architektur und Stadtplanung in Paris, Marseille und Stuttgart. Ausbildung zur Wissenschaftsjournalistin. Von 1993 bis 2000 Redakteurin bei „Topos European Landscape Magazine". Von 2000 bis 2006 persönliche Assistentin des Münchener Baudezernten in der Landeshauptstadt München. Seit 2000 Lehrtätigkeit zu Theorien der Landschaftsarchitektur an den Universitäten Karlsruhe, München, Wageningen, derzeit Forschungsstelle am Centre Forest & Landscape, Faculty of Life Sciences, Universität Kopenhagen. Seit 2006 selbständig als Publizistin. Seit 2009 Adjunct Professor an der Queensland University of Technology, School of Design, Brisbane.

Stephanie Drlik

Jahrgang 1977. Studium der Architektur, der urbanen Freiraumplanung und Freiraumgestaltung in Wien. Seit 2005 stiwidi! Freiraumkunst. Seit 2007 Dissertantin im Doktoratskolleg „Nachhaltige Entwicklung" an der Universität für Bodenkultur, Wien, zum Thema Klimawandelanpassung in der Pflege und Erhaltung öffentlicher Grünanlagen in Großstädten.

Klaus Elliger

Jahrgang 1958. Studium der Architektur in Karlsruhe, Wien und Delft. Arbeit als Hochbau-Architekt in diversen Architekturbüros. 1988 bis 1990 Hochbau-Referendariat bei der Deutschen Bundespost. Von 1990 bis 2008 Planer, später Bereichsleiter im Stadtplanungsamt der Stadt Karlsruhe. Seit 1997 Mitarbeit im Arbeitskreis „Straßenraumgestaltung" bei der Deutschen Forschungsgesellschaft für Straßen- und Verkehrswesen. 2001 bis 2004 Lehrbeauftragter an der Universität Karlsruhe. Seit Januar 2008 Leiter des Fachbereichs Städtebau der Stadt Mannheim.

Bernhard Heitele

Jahrgang 1971. Studium der Architektur an der Universität Stuttgart. Mitarbeiter im Stadtplanungsbüro raumbureau in Stuttgart. 2003 bis 2008 wissenschaftlicher Mitarbeiter am Lehrstuhl Stadtplanung und Raumgestaltung der BTU Cottbus. Seit 2009 freier Projektmitarbeiter der Bundesstiftung Baukultur. Veröffentlichungen zum Städtebau und zur Stadtentwicklung.

Jürgen Hohmuth

Jahrgang 1960. Studium der Fotografie an der Hochschule für Grafik und Buchkunst Leipzig u. a. bei Arno Fischer. Seit 1981 freiberuflich als Fotograf tätig; Arbeiten über Architektur, urbanes Leben sowie Theaterfotografie. 1993 Gründung von ZEITORT – Foto/Film/Buch und seit 1997 Aufnahmen mit dem Fotoluftschiff.

Gabriele G. Kiefer

Jahrgang 1960. Studium der Landschaftsplanung an der TU Berlin. Wissenschaftliche Mitarbeiterin an der TU Berlin, Fachbereich Landschaftsentwicklung. 1989 Gründung des Büro Kiefer in Berlin, seitdem zahlreiche Wettbewerbserfolge und Realisierungen. Jury- und Beiratstätigkeiten im In- und Ausland. Seit 2002 Professorin am Institut für Städtebau und Landschaftsplanung der TU Carolo Wilhelmina zu Braunschweig.

Lilli Lička

Jahrgang 1963. Studium der Landschaftsökologie und Landschaftsgestaltung in Wien. Seit 1991 Koselička, Büro für Landschaftsarchitektur, Wien. Seit 2003 Institutsleitung und Lehrstuhl für Landschaftsarchitektur am Institut für Landschaftsarchitektur an der
Universität für Bodenkultur, Wien. Seit 2004 Präsidentin der Österreichischen Gesellschaft für Landschaftsplanung und Landschaftsarchitektur. Forschung und landschaftsarchitektonische Praxis in den Niederlanden und in Wien. Publikationen zu Klimawandel und
Freiraumplanung.

Martina Löw

Jahrgang 1965. Studium der Soziologie. Seit 2002 Professorin für Soziologie mit dem Schwerpunkt Stadt- und Regionalsoziologie
an der TU Darmstadt. Mitglied des Kuratoriums „Nationale Stadtentwicklungspolitik" des Bundesministeriums für Verkehr, Bau und
Stadtentwicklung. Stellvertretende Vorsitzende der Deutschen Gesellschaft für Soziologie, Prodekanin für Forschung und Entwicklung, Mitglied des Wissenschaftlichen Beirats der „Zeitschrift für Soziologie" sowie des Instituts für Regionalentwicklung und Struk-
turplanung (IRS). 2000 Christian-Wolff-Preis der Martin-Luther-Universität Halle-Wittenberg. Publikationen zur Stadtsoziologie.

Martin zur Nedden

Jahrgang 1952. Studium der Raumplanung und Raumordnung an der TU Wien. Seit Mitte 2006 Bürgermeister und Beigeordneter für
Stadtentwicklung und Bau in Leipzig, zuvor sieben Jahre als Stadtbaurat der Stadt Bochum. Dort unter anderem Mitglied des Beirats
für Baukultur beim Minister für Stadtentwicklung. Mitglied der unabhängigen Expertenkommission zur Novellierung des Baugesetz-
buches beim Bundesministerium für Verkehr, Bau und Wohnungswesen 2001/2002. Mitglied des Stiftungsrates der Bundesstiftung
Baukultur, Vizepräsident der Deutschen Akademie für Städtebau und Landesplanung und Vorsitzender des Bau- und Verkehrsaus-
schusses des Deutschen Städtetages.

Erik-Jan Ouwerkerk

Jahrgang 1959. Studium der Biologie in Utrecht. Seit 1988 freischaffender Fotojournalist in Berlin. 2003 bis 2005 Lehrauftrag für
Reportage-Fotografie an der Kunsthochschule Berlin-Weissensee, Hochschule für Gestaltung. Internationale Veröffentlichungen,
Bücher und Ausstellungen zum Thema Leben (in) der Stadt, Soziales, Architektur.

Christoph Rosenkranz

Jahrgang 1981. Studium der Stadt- und Regionalplanung an der BTU Cottbus und der TU Graz. Freie Mitarbeit in einem Grazer
Planungsbüro bis 2008. Seitdem Redakteur und Fachjournalist für Stadt- und Freiraumentwicklung. Publikationen zur Freiraumgestaltung und Stadtentwicklung.

Thies Schröder

Jahrgang 1965. Studium der Landschaftsplanung an der TU Berlin. Seit 1986 als Fachjournalist und Redakteur sowie Autor und Mo-
derator selbständig tätig. Seit 1999 leitet er ts redaktion (seit April 2009 ts|pk), Berlin. Verschiedene Lehrtätigkeiten, unter anderem
an der ETH Zürich und der TU Berlin. Seit 2009 Gastwissenschaftler an der Leibniz Universität Hannover. Seit 2004 Geschäftsführer
der Ferropolis GmbH, Gräfenhainichen, und dort Leiter eines der europäischen Referenzprojekte der Industriekultur. Publikationen in
Stadtentwicklung, Landschaftsarchitektur und Naturidee.

Klaus Selle

Jahrgang 1949. Studium der Architektur und des Städtebaus an der RWTH Aachen, Promotion (1979) und Habilitation (1986) am
Fachbereich Raumplanung der Universität Dortmund. 1987 bis 2001 Professur am Fachbereich Landschaftsarchitektur und Umwelt-
entwicklung, Leibniz Universität Hannover. Seit 2001 Lehrstuhl Planungstheorie und Stadtentwicklung, RWTH Aachen. Mitgründung
des Wohnbunds, der Wohnbund-Beratung GmbH NRW, werkstadt e. V. und des Bürgerbüros Stadtentwicklung Hannover. Derzeit
im Rahmen von „netzwerk. stadtforschung, beratung, kommunikation" in der Praxis aktiv.

Carl Zillich

Jahrgang 1972. Studium der Architektur und Stadtplanung an der Universität Kassel und der Columbia University New York. 2002 bis
2008 wissenschaftlicher Mitarbeiter am Institut für Geschichte und Theorie der Architektur an der Leibniz Universität Hannover. Seit
2004 eigene realisierte Architekturprojekte. Seit 2008 wissenschaftlicher Mitarbeiter der Bundesstiftung Baukultur. Publikationen
unter anderem zu den Schnittstellen von Architektur und Kunst.

Bildnachweis

Titel, Rücktitel_ Jürgen Hohmuth, zeitort, Berlin. **Seite 8–15_** (01–08): Jürgen Hohmuth, zeitort, Berlin. **Seite 16–23_** (01): Anja Schlamann, Leipzig; (02): Rehwaldt Landschaftsarchitekten, Dresden; (03): Carl Zillich, Berlin; (04): Achim Bunz, München; (05): raderschallpartner ag, landschaftsarchitekten bsla sia, Meilen, Schweiz; (06): Doreen Ritzau, Dessau–Rosslau; (07): realgrün Landschaftsarchitekten, München; (08): Jörn Hustedt, Schenefeld/Hamburg. **Seite 24–33_** (01, 02, 05): Jens S. Dangschat, Wien; (03): ts|pk thies schröder planungskommunikation, Berlin; (04): Othmar Lechner, Wien; (06): Landeshauptstadt Saarbrücken. **Seite 34–39_** (01, 03): Stadt Mannheim; (02): Michael Ehritt, Leipzig/Stadt Leipzig. **Seite 44–49_** (01, 02): Magistrat der Stadt Wien MA 42 – Die Wiener Stadtgärten. **Seite 50–55_** (01): Andreas Kaufmann, Leipzig; (02–04): Klaus Selle, Aachen; (05): Karo Architekten, Architektur+Netzwerk, Magdeburg; (06): Lehrstuhl für Planungstheorie und Stadtentwicklung, RWTH Aachen. **Seite 56–63_** (01, 02): Michèle & Miquel, Barcelona; (03, 04): RMP Stephan Lenzen Landschaftsarchitekten, Bonn; (05, 06): D3A spol s.r.o., Prag; (07): Proab, Lissabon; (08): Fernando Guerra, Lissabon; (09, 10): Pipilotti Rist, Zürich/Carlos Martinez, Widnau; (11): Roger Marthinsen, Mo I Rana; (12): Steinar Skaar, Bodø. **Seite 64–67_** (01–04): Michael Wolf Photodesign, Mannheim; (05): Wiebke Dürholt, Potsdam; (06, 07): Andreas Helmling, Mannheim. **Seite 70–73_** (01, 03–07): Erik-Jan Ouwerkerk, Berlin; (02): Rehwaldt Landschaftsarchitekten, Dresden. **Seite 74–77_** (01, 03–07): Erik-Jan Ouwerkerk, Berlin; (02): terra.nova Landschaftsarchitektur, München. **Seite 78–81_** (01, 03–06): Erik-Jan Ouwerkerk, Berlin; (02): atelier 8 Landschaftsarchitektur, Baruth/Mark. **Seite 82–85_** (01, 03–08): Erik-Jan Ouwerkerk, Berlin; (02): Latitude Nord, Maisons-Alfort, Frankreich/Landeshauptstadt München, Kommunalreferat, Vermessungsamt/Landesamt für Vermessung und Geoinformation (Flurkarte © Bayer. Vermessungsverwaltung; 5776/09). **Seite 86–89_** (01, 03–06): Erik-Jan Ouwerkerk, Berlin; (02): geskes.hack Landschaftsarchitektur, Berlin/Landratsamt Vogtlandkreis, Amt für Kataster- und Geoinformation. **Seite 90–93_** (01, 03–06): Erik-Jan Ouwerkerk, Berlin; (02): Häfner Jimenez Landschaftsarchitektur, Berlin. **Seite 94–97_** (01, 03–06): Erik-Jan Ouwerkerk, Berlin; (02): RMP Stephan Lenzen Landschaftsarchitekten/Kataster- und Vermessungsamt der Stadt Bonn. **Seite 98–101_** (01, 03–06): Erik-Jan Ouwerkerk, Berlin; (02): Thomanek Duqesnoy Boemans, Berlin. **Seite 102–105_** (01, 03–05): Erik-Jan Ouwerkerk, Berlin; (02): baubar|urbanlaboratorium, Saarbrücken. **Seite 106–109_** (01, 03–06): Erik-Jan Ouwerkerk, Berlin; (02): Gruppe F, Berlin/Bezirksamt Marzahn-Hellersdorf von Berlin. **Seite 110–113_** (01, 03–08): Erik-Jan Ouwerkerk, Berlin; (02): Lützow 7 Cornelia Müller Jan Wehberg, Garten- und Landschaftsarchitekten Berlin/Amt für Geoinformation und Bodenordnung, Abteilung Digitale Kartographie, Leipzig. **Seite 114–117_** (01, 03–07): Erik-Jan Ouwerkerk, Berlin; (02): Atelier le balto, Berlin/Bezirksamt Treptow-Köpenick von Berlin. **Seite 118–121_** (01, 03–07): Erik-Jan Ouwerkerk, Berlin; (02): Latz+Partner, Kranzheim. **Seite 122–125_** (01, 03–06): Erik-Jan Ouwerkerk, Berlin; (02): Davids|Terfrüchte und Partner, Essen. **Seite 126–129_** (01, 03–07): Erik-Jan Ouwerkerk, Berlin; (02): WES & Partner Schatz Betz Kaschke Wehberg-Krafft, Hamburg/Landesbetrieb Geoinformation und Vermessung, Hamburg. Grafische Bearbeitung der Lagepläne von **Seite 70–126_** MedienDesignBüro, Berlin.

Die Bundesstiftung Baukultur dankt den Fotografen und den Inhabern der Bildrechte für die Nutzungsgewährung. Jeder mögliche Versuch ist unternommen worden, die Besitzer von Bildrechten ausfindig zu machen. Wo dies nicht möglich war, bitten wir die Urheber, sich mit den Herausgebern in Verbindung zu setzen.